ギリシア思想入門

Introduction to Greek Thought

Yasuo Iwata
岩田靖夫

University of Tokyo Press
東京大学出版会

Introduction to Greek Thought
Yasuo IWATA
University of Tokyo Press, 2012
ISBN978-4-13-012061-6

まえがき

古代ギリシア文明は、古代ヘブライの信仰と共に、西洋文明の基礎を形成したが、現代に至って、その西洋文明が東洋文明と接触し、化合し、新しい世界文明へと生成しつつある。この意味で、古代ギリシア文明は現代世界文明の一つの岩盤である。

では、古代ギリシア文明の特質はなにか。それは、まず大きく捉えれば、この世界の賛美、生命の喜びの肯定である、と言ってよいだろう。この現世のあらゆる存在と生命における美と豊饒の肯定は、ギリシアの文学、美術、哲学、科学のすべてを通して、脈々と流れるギリシア的特質である。ギリシア人をギリシア人たらしめたもの、それは「宇宙の存在」と「人間であること」の自覚的肯定であった。

この肯定は、おおまかには、次の二点として現れる。その一つは、人間が自由で平等であることを、かれらが自覚した点である。かれらとても、古くは王制の下に虐げられて暮らしていたのであり、また、奴隷制という社会構造を最終的には克服できなかったのではあるが、しかし、紀元前六世紀頃から、時代の進展と共に次第に「すべての人間が本来自由であり、その意味で平等である」という思想へ少しずつ前進し始め、遂に古代アテナイにおいて、デモクラシーという社会構造の創造に到達したのである。この社会構造の創造こそ、そして、その結果として展開する言論の自由と哲学・科学の奔放な進展こそ、古代ギリシア人が現代世界文明へ遺贈した輝かしい貢献である。

もう一点は、ギリシア人の理性主義である。かれらとても、他の諸民族と同様に古くは蒙昧な迷信のうちで生きていた。しかし、次第に、この無限に変転万化する現象世界は、神々の気まぐれによって動いているのではなく、不変の法則の下に運動する秩序体（コスモス）であることを、見透《とお》すに至った。すなわち、混沌とした現象の底に不変にして普遍の本質を洞察するに至ったのである。この本質と実体への眼差しが、宇宙については根源（アルケー）と法則（ロゴス）の探求を生み、人間界については人倫の法則の探求を生み、哲学を生み、科学を生み、ギリシア人に特有の理性的な芸術、文学、建築を生み出したのである。この姿勢は、必ずしも、世界や人生の明朗な面のみを賛美するものではない。むしろ、ホメロス、ギリシア悲劇、諸哲学において明らかなように、世界や人生の残酷な暗黒面をも呵責なく抉り出す、地獄の底までも降りてゆく理性主義であった。理性による止めどなき真実の追究と言ってよいだろう。

もう一つ、ギリシア的特質の一つとして付言すべきことは、特に、ソクラテス、プラトンの善の哲学において際立って出現した超越への志向性である。キルケゴールは、この特異性を「ソクラテスとはアテナイという高貴な馬に付けられた神からの贈り物としての虻だ」という「ソクラテス自身の言葉」のうちに見ている。それは、大きな思想の流れからすれば、やがてキリスト教へと接続してゆく超現世的思想の萌芽であるが、しかし、ギリシア本来の、哀愁を帯びた残酷さと晴朗な歓喜とを併せ持つ、現世賛美の精神性とはやはり異なったものである。

本書は、現代世界文明の一つの岩盤となった古代ギリシア文明とはいかなるものであったかを、以上に述べた諸特質を展開しながら、ミュケーナイ時代からヘレニズム時代にいたるまで、節目節目をたどる。

目　次

D
E
F
a
b
c
d
黒　海
シノペ
トラペズス
ビュザンティオン
カッパドキア
サルディス
エフェソス
ミレトス
メソポタミア
チグリス河
アンチオキア
ユーフラテス河
キュプロス
ロードス
シドン
ダマスコ
カエサレア
アラビア
エルサレム
アレクサンドリア
ペトラ
メンフィス
ナイル河
D
E
F

A
B
C
a
b
c
d
イリリア
ローマ
トラキア
アブデラ
マケドニア
オリュムポス山
スタゲイロス
トロイア
ポテイダイア
アッソス
エレア
クロトン
レスボス
テーバイ
デルフォイ
アテーナイ
サモス
メッシーナ
コリントス
シシリー
オリュンピア
スーニオン
ミュケーナイ
アルゴス
カルタゴ
アクラガス
シラクサ
スパルタ
クレタ
クノッソス
N
地　中　海
キュレネ
アフリカ
0　100　200　300　400　500 km

古代地中海周辺図

第1章　ギリシア人とはなにか（一）――自由と法

西洋思想の源には、ギリシア人の理性的思考とヘブライ人の超越神への信仰がある。この両者は相対立しつつも相互に補い合い、西洋文化の基礎を形成してきた。それが、今や、全地球を覆う科学技術文明の発展、自由主義的民主主義の政治形態の普及、「かけがえのなさ」という人間把握を中核とする人権思想の浸透などの姿のもとに、現代世界文明の一つの大きな基礎になりつつある。この事態をその根源にまで遡り、その一方の根源であるギリシア人の思想の基本的骨格を明らかにすることが、本書のねらいである。

1　ギリシア人と自由

ヘレーネスとバルバロイ

ギリシア人は自らをヘレーネス（Hellênes）と呼んだ。この言葉は、実質的には、すべての「ギリシア語を話す

図 1-1　ミュケーナイ城　通称キュクロプスの壁によって囲まれた城塞

者」を指している。かれらは自分たち以外の人々をバルバロイ（Barbaroi）と呼んでいたが、ヘレーネスの対をなすこの語は、したがって、「バアバアと口ごもる者」、すなわち、「自分たちの解らない言葉を話す者」という意味である。つまり、ギリシア人は自分たちと他民族とを、ギリシア語を話すか話さないかという徴表によって区別していたわけであるが、この区別は、しかし、それだけにとどまらず、ものの考え方、人生の生き方の相違をも含意するようになり、その結果、やがて、他民族に対するギリシア人の違和感、優越感のニュアンスをも帯びるようになっていった。

エジプト・メソポタミアの文明と後進のギリシア人

言うまでもなく、ギリシア人が世界史において、最古の文明を築いたわけではない。東洋には中国やインドの文明があり、ギリシア人の周囲にもすでにエジプトやメソポタミアの文明があった。まだ文字は持たなかったが、ギリシア語を話す民族が最初に世界史の舞台に登場したのは紀元前二〇〇〇年以前のことであるが、そもそもかれらがどこからやって来たかも判然としないし、いわんやかれらは語るに足るなんの文明をも持ってはいなかった。しかし、そのときすでに、エジプトやメソポタミアには強大な政治権力があり、富の蓄積があり、巨大な建造物があり、芸術作品があったのである。ギリシア人はかれらから多くのものを学び、受け継ぎ、その意味では、ギリシア人は後進の民族なのだといえる。時代をくだって、前一六〇〇年頃になると、このギリシア語を話す人々はギリシア本土の諸地方に城塞を築き始めたが、それらのうちでもっとも有名なものがアガメムノンの悲劇で知られるミュケーナイ城である。ミュケーナイ文明は、一九世紀に、当時の常識に逆らって『イリアス』と『オデュッセイア』の歴史的真実性を確信して発掘に生涯を捧げたシュリーマン（H. Schliemann, 1822-90）によりその内容を明らかにしたのだが、ミュケーナイ城の遺跡からの出土品を通して明らかなように、築城、武具、陶芸、装飾などにおいてかなりに高度の文明であり、また、文字も所有していて財産目録や行政記録をも保存していた。しかし、だいたいは上述の先進諸文明と質的に異なるところのない、いまだギリシア人に固有の特質を現してはいない段階にある。この文明は約四〇〇年続いた。そして、前一二〇〇年から一一〇〇年にかけて消滅した。それから約四〇〇年の間は激しい民族移動の時代で、文化的には混沌とした暗黒時代が続く。そして、前八〇〇年から七〇〇年の間に、ギリシア世界は新しい姿のもとにわれわれの前に現れるが、その発端にホメロスが位置するのである。ギリシア人はこのときから歴史時代に入るが、その建築、彫刻、調度品、演劇、文学、哲学、政治制度などによって世界文明の基礎を据えたのは、かれらである。すなわち、われわれはこのギリシア人において、人類史において初めての輝かしい理性の出現に、すなわち、現代人の原型に出会うのである。

図 1-2　黄金仮面　アガメムノンのデスマスクとも推定されたが，確かではない

では、ここで世界文明の基礎を据えたギリシア的理性の出現というとき、それはなにを意味するか。それは、一方では、人間的生の基礎としての「自由」の自覚であり、他方では、人生や世界の本質をどこまでも追求する「合理性」の、もしくは「探求の精

神」の成立である。そこで、まず、前者からその特質を見ることにしよう。

ギリシア人の活動力の開花とアッシリアの弾圧

ミュケーナイ文明の消滅ののち、ギリシア世界は暴風のように荒れ狂う破壊の四世紀を経過しつつあったが、その頃小アジアにはアッシリア帝国があり、無比の軍事力により、飽くことなく、その版図を拡大しつつあった。やがて、暗黒時代も終わりに近く、前七〇〇年頃から、ギリシア人は歴史の表舞台に姿を見せ始める。すなわち、内陸でアッシリアが勢威をたくましくしている間に、東は、黒海の周辺、エーゲ海の沿岸から、西は、シシリー島や南イタリア、さらには、フランスの沿岸、南は、リビアの沿岸にいたるまで、途方もなく広大な地中海周辺地域にギリシア人は植民を開始したのである。『オデュッセイア』の描くオデュッセウスの狂瀾怒涛の漂流記は、魔の淵カリュブディス、人食いの野蛮人キュクロプス、男どもを杖で打って豚にする魔女キルケーなどの冒険譚に満ち満ちているが、これらの物語はギリシア人が危険に満ちた未知の大海を制覇してゆく過程で経験した驚くべき出来事を民族の記憶としてなんらか伝えているであろう。ギリシア人のこの植民活動は、前八世紀頃に始まり前六世紀頃にその歩みをゆるめるが、ヘレニズム時代にいたるまで途絶えることなく続き、地中海世界を遂には言語的・文化的に一つのギリシア語文化圏として形成した、ギリシア人の旺盛な活動力の開花であったのである。――ちなみに、新約聖書はギリシア語で書かれているが、それは、ヘレニズム時代にギリシア語が世界語であったからである――話を前八世紀にもどそう。もちろん、アッシリアの強大な軍事政権にとって、ギリシア人の渺《びょう》たる植民都市など眼中にはなかったであろう。しかし、ライオンにとっても、目の上の虻はうるさいことはうるさい。こういうわけで、アッシリアは植民都市をくりかえし弾圧した。しかし、弾圧されても、弾圧されても、ギリシア人は反抗している。強大な権力に対する反抗が、もし失敗した場合には、恐るべき結果をまねくことは、二一世紀に生きるわれわれでさえ目撃している事実である。いわんや、ときは前八世紀なのだ。反逆者に対するアッシリア的処刑法は、次の通りである。「その者の鼻を削ぎ、耳を切り、舌を抜き、目をくじり出す。その者は宮殿の入口に縛られ、万人の晒し者となる。その者の皮は剝がれて、吊るされる」。

アッシリアに続いて、メディア、バビロニアと強大な国々が生滅し、ついに、前五二〇年に、世界がいまだかつて見たことのない巨大な中央集権国家、ペルシア帝国が出現した。そして、ここに、ギリシア人とバルバロイとの対決の決定的瞬間がおとずれたのである。それまで、断片的、不連続的に拡散していたギリシア世界は、このとき、同一の言語を話し、同一の宗教を信じ、独自の生き方を守る一つの文化的統一体として、初めて自分自身を自覚したのであった。

自由と平等の自覚

それでは、ギリシア人が自覚したこの独自の生き方、かれらの言うところの「唯一の人間らしい生き方」、それを守るためにかれらが生命を賭けた生き方とは、どのような生き方であったのか。それは、いろいろに表現できる。それは、人間が一人一人自由であり平等であることの自覚のもとに成立する、生である。あるいは、人間は一人の大王、専制君主、絶対権力者の命令のもとに生きるべき者ではなく、公平な法の規定のもとに平等に生きるべき者である。あるいは、王制でもなく、貴族制でもなく、富者の支配でもなく、民主制こそが、人間のとるべき社会体制である。このような観念の自覚と実現が、ギリシア人が誇りとした他民族に対するかれらの優越性であり、ギリシア人が人類にもたらした最大の遺産であったのである。まことに、民主制こそは、ギリシア人が創造した人類への最高の贈り物、徹底的にギリシア的ななにものかであった。

テルシテースの物語

ところで、ギリシア人は、もともと君主のまえで面を伏せ、平伏するというような習慣はもっていなかった。ホメロスの描く世界、すなわち、ミュケーナイ文明の世界は、王によって支配されている世界ではあるが、この王制の目ざましい特徴の一つは、王は別格の力と権威を持ちはするが、なにか重大なことを決めるときには、会議を開いて多くの人々の合意をえなければなにもできない、という点である。それは、特に、身分の低い者が身分の高い者に対して言いたい放題を言いうる、という点に現れている。もちろん、そのような挙にでる者は王の怒り、暴力、処罰の危険を冒してはいるのである。しかし、かれらは王を、エジプト人やメソポタミア人のように、神聖視しているわけではない。王は、恐ろしく巨大な力を持ってはいるが、それでも、われわれと同類の一人にすぎないのである。この点で、興味深いのは、『イリアス』の第二巻にあるテルシテースの物語である。この男は、イリオンへやってきた者のうちで、もっとも醜い者と言われている。「かれはガニ股で足が不自由、両肩は丸く盛り上がり、とがった頭はほとんど禿げていた」。『イリアス』の作者がテルシテースに同情的でないことは、この描写から一見して明らかだ。己の身分を弁えないテルシテースは、貴族社会の仕来りを重んずる吟遊詩人の感性には合わないのだろう。だから、このように世間知らずの男は身体的にも醜くなければならない。しかし、とにかく、この男が王者アガメムノンに面と向かって非難を浴びせかけるのである。「アガメムノンよ、お前は今またいったいなにに不満なのか。お前のテントは戦利品と女たちで満ち満ちているではないか。その上、さらに、なにが欲しいのか。……さあ、腰抜けのアカイア人たちよ、この恥知らずをここトロイの地に置き去りにして、国へ帰ろう」(『イリアス』第二巻二三三―二七)。この痛快な正論を口走ったテルシテースは、二度とふたたび大言壮語できないように、オデュッセウスの錫杖《しゃくじょう》によってしたたかに打ちのめされ、血まみれのミミズ腫れになって、うずくまってしまった。だがである。とにかく、賤民が王に向かってこういうことを言ったのである。貴顕に対するこの不敬の精神、もしくは、不敵の精神こそ、民主主義を生みだした原動力ではなかろうか。ギリシア人の際だった特色の一つは、自己の考えをもち、それを表明するときの、この大胆さ、自由さである。もちろん、かれらとても王や貴族や神官は恐ろしかったであろう。しかし、自分自身の考えを表明できないほどには、かれらを恐れはしなかった、という点が重要である。あるとき、プロタゴラスと対話していたソクラテスは、相手が責任回避の言辞を弄《ろう》そうとしたとき、自分自身の考えを語らなければ哲学にならない、と自己表明を強く要求した。自分自身の考えをもち、それに従って生きるというこの態度、権威や権力に従ってではないという態度、これが、ギリシア人が人類にもたらした新しい文明の基礎であったのである。

2　ペルシア戦争の意味

世界の支配者ダリウス大王

王の中の王、ダリウス大王がペルシア帝国の支配者となったのは、前五二一年である。この時点で、アジアとヨーロッパを分けているエーゲ海がダリウスの世界のへりであった。強大な、世界の唯一の支配者であるはずのダリウスにとって、海辺に点在する独立のギリシア人植民都市は、当然、好ましからざる汚点であった。だから、かれは、間もなくヨーロッパに介入し始める。ダリウスがギリシア本土の侵攻をめざしたかどうかは、はっきりしない。なぜなら、小アジアのイオニア植民都市が結束してダリウスに反抗し、この反乱の鎮圧にかれは手を焼いているからである。反乱を起こしたイオニア人はギリシア本土に救援を求め、アテナイとエレトリアが援軍を送った。この救援軍は内陸に侵攻し、サルディスの都を陥れるという目ざましい戦果をあげた。このニュースを遥かに聞いたダリウスは、アテナイ人とは何者か、と側近にたずねたという。答えをきくや、かれは弓矢をとり寄せ、天に向かってヒョウと射てから、こう言った。「主なる神よ、アテナイ人への復讐を成就せしめたまえ」。そして、日に三度、食事のたびに、「ご主人様、アテナイ人を忘れないでください」と下僕に言わしめたという（ヘロドトス『歴史』第五巻一〇五）。こうして、前四九〇年にダリウスは処罰のためにアテナイとエレトリアへ遠征軍を送った。ペルシア軍は簡単にエレトリアを蹂躙したが、アッティカの東海岸マラトンに上陸したとき、アテナイ人の抵抗は頑強を極めた。外国軍によるギリシア本土への最初の侵攻は、こうして、ほとんどアテナイ人の独力によりくい止められたのである。——ちなみに、ギリシア軍の勝利を人々に伝えるために、マラトンの野からアテナイまで走り続けて息絶えた伝令の故事が、今日のオリンピック競技におけるマラソンの由来である。——以後、マラトンはアテナイの伝統のなかで、もっとも誇り高き名として残ることとなった。アイスキュロスの墓碑銘は、悲劇作家としての輝かしい生涯には無言で、ただ次のように彫られている。

図 1-3　ダリウス大王が敗北した王の体に足を置いている図　前 6 世紀の岩壁画

アテナイ人にしてエウフォリオンが子アイスキュロス
麦みのるゲラの地に朽ちてここに眠る
いと著《しる》きその剛勇は、マラトンの森これを語らむ
髪深きメディア人もまたこれを知れり

ダリウスはギリシア遠征を果たさずに死んだ。そして、それは息子クセルクセスの仕事となった。かれは、ヘロドトスによれば、二六四万の軍勢を率いてギリシアに攻め入ったという。もちろん、この数字を文字どおりに信用する必要はまったくない。とにかく、世界の支配者が、アジアに存在するあらゆる民族の男たちを駆り出すことによって構成した恐るべき大軍であったのである。この大軍が押し寄せたとき、北方と中央のギリシア諸都市は戦わずしてクセルクセスの軍門に降った。しかし、アテナイとスパルタの麾下《きか》にあったペロポネソス諸都市は抵抗を決意したのであった。

クセルクセスとデマレトスとの対話

ここに、遠征を前にしたクセルクセスと亡命のスパルタ王デマレトスとの対話がヘロドトスによって伝えられている（『歴史』第七巻一〇一—一〇四）。デマレトスは、祖国での処遇に不満をいだいてペルシアに亡命した、いわば裏切り者である。そのような者は、クセルクセスの諮問に対して、当然、ギリシア人の弱点を語り、ペルシアを賛美するはずだ。ところが、クセルクセスの期待は外れた。

図 1-4　ペルシア人とギリシア人の戦　通称アレクサンドロスの石棺と呼ばれる棺の側面の絵，前 4 世紀末

ク：はたして、ギリシア人どもが余に刃向かい抵抗するかどうか申してみよ。

デ：ギリシアでは昔から貧困は生まれながらの伴侶のごときもの。しかし、われわれは知恵と厳しい法の力によって勇気を身につけました。どれほどの大軍が攻め寄せても、かれらは千人でも戦うでしょう。

ク：ギリシア兵の一人が二〇人のペルシア兵に匹敵するというのか。しかし、かれらは自由を好むという話だ。わが軍におけるがごとく、一人の統率下にあれば、指揮官を恐れる心から実力以上の力もだし、笞《むち》に脅かされて寡勢をも省みず大軍に向かい突撃もしよう。だが、自由ならそのいずれをもしないだろう。

デ：スパルタ兵は一人一人の戦いにおいても何人にもひけはとりませぬが、団結すれば、世界最強の軍隊です。なぜなら、かれらは自由ですが、法（nomos）という主君を戴いている。かれらがこれを恐れることは、ペルシア人が大王を恐れるの比ではありません。この法の命ずるところはただ一つ。いかなる大軍を迎えても決して敵に後ろをみせず、あくまで己の持ち場に踏みとどまって敵を倒すか自ら滅びよ、ということです。

祖国を裏切ったデマレトスの口からでさえ、話がギリシア人の本質におよぶとき、身のほどをも忘れて迸り出るこの優越の意識。それは、人間的生の基礎としての自由の自覚であり、しかも、その自由が、人間の権威に従うことによってではなく、法的秩序に従うことによって可能になったという認識に他ならない。ギリシア人のなんであるかについてのクセルクセスの認識は、まったく誤っていたのである。

こうして、テルモピュライの戦いを経て、サラミスの海戦の逆転勝利となる。

行け、ギリシアの子らよ。汝らの祖国を救え。汝らの妻、子、神々の社、祖先の奥津城を守れ。すべては、汝らの戦いにかかるのだ。

（アイスキュロス『ペルシア人』四〇二―〇四）

クセルクセスはサラミスの敗戦後、ただちにすべてを諦めたのではなかった。かれ自身はアジアに帰ったが、中央ギリシアに、マルドニオス麾下の巨大な精鋭部隊を残していった。アテナイ人やスパルタ人は依然として奴隷化の危険に曝されていたのである。この大部隊を殲滅しなければ、ギリシア人の最終的解放はなかった。この最後の対決がプラタイアの戦いであり、ここでもギリシア人は数において数倍のペルシア軍を打ち破ったのである。だれも、ギリシア人がクセルクセスに勝てるとは思っていなかった。ギリシア人自身でさえ、そう信じた者は少なかった。だから、この世界史的な出来事の後、ギリシア人が自分たちを世界で最良の民族であると信じたのも、不思議とは言えない。だが、かれらは、その優越性を血とか、皮膚の色とかに基礎づけたのではなかった。かれらの誇りとしたものは、その生き方、習俗、法、言語であった。これらのものは、人がみな自分の力で育てうるもの、それ故にまた、無思慮と無抑制により滅ぼしうるものなのである。

3　共同体的動物としての人間

法治体制の成立

では、ギリシア人は法による生を具体的にどのようなものと考えていたであろうか。アリストテレスの『政治学』の中にこういう一句がある。

同胞《はらから》をもたず、法《のり》をもたず、かまどをもたざる者　（一二五三A五）

これは、ホメロスの物語る人食いの野蛮人キュクロプスを、アリストテレスが描写するときに出てくる言葉である。かれらは、評議の場である集会も持たず、掟も持たず、一人一人が高い山の頂にある洞窟に住み、互いに無関心に、家畜を飼いながら、孤独に生きている（『オデュッセイア』九の一〇五以下）。このキュクロプスの描写において、かまどをもつ（家庭生活をする）こと、同胞をもつ（共同体において生きる）こと、そして、法をもつこと、の三者は同一の事態であり、一つの人間本質の異なる表現として語られていることが解る。だから、キュクロプスは未だ人間とは言えないのだ。すなわち、人間であるとは、ポリス的（共同体的）であることであり、それは掟（法）をもって生きることにより可能になる、ということに他ならない。

ところで、周知のように、アリストテレスは、人間について「ポリス的動物」と「ロゴスを持つ動物」という二つの定義を語っている。すなわち、この二つの定義は人間の本質を別様に表現しているのだ、と理解できる。

そもそも、ロゴス（言葉、理性）とは、人と人との語り合い、交流を可能にする原理であるが、さらに根源的に言えば、そのような交流を成立させる場としての共同体的存在の条理（ロゴス）をも意味している。ロゴスなき人間とは人間ではないが、それは、語り合うべき他者をもたない人間が人間でない、ということと同じである。この場合、語り合うべき他者は共同体的存在としてそこに現れる。その共同体的存在の条理としてのロゴスが「法」である。したがって、法の所有は、他者との交流をその本来の働きとする、人間本質の実現なのだ、と言わなければならない。

それでは、法とはなにを目指すのであろうか。それは、共同体における正義の実現を目指すのである。では、正義とはなにを目指すのであろうか。それは、理想を言えば、すべての人間の自由と平等の実現を目指すのである。それ故、ただ、人間が集まっていれば共同体がある、というわけではない。アルケラオス（Archelaos, BC 413-399）のような独裁者と、へつらいをこととする取り巻きや秘密警察の恐怖におびえる民衆との間に、人間の共同体があったとは言えない。つまり、共同体は自由で平等な独立人の間においてのみ成立するのであり、この自由と平等を可能にする原理が法だ、ということに他ならないのである。

だが、自由と平等は事実としてすでに与えられているものではない、ということを認識することは重要である。事実としては、人間は、貪欲であり、情欲の獣であり、他者を押し退けて自己を拡張しようとする自己中心的動物である、と言うべきだろう。人間は、無法状態に放置されれば、万人の万人に対する闘争という弱肉強食状態に落ち込むであろう。だから、アリストテレスは、たびたび、「人間が支配するのを許してはならない。そうではなくて、ロゴス（理性、法、条理）が支配せねばならない。なぜなら、人間は自分のために多くを取り、暴君となるからである」と言っている（『ニコマコス倫理学』一一三四A三五―B一）。この場合、人間とはロゴスを忘れ、ロ

図1-5　アテネのアゴラ　ギュムナシオン（体育館）入口の巨人像

ゴスを離れた欲望的存在としての人間のことである。人間のうちには、たしかに、カリクレス（Kallikles, BC 5-4C）やトラシュマコス（Thrasymachos, BC5-4C）の言うように、貪欲への衝動、権力への欲望がある。人間のうちに巣くうこの貪り（pleonektein）への傾きは、他者との交わりを破壊し、そのことによって結局は自分自身の存在をも破壊してしまう力である。いわば、自己の存在のみを絶対化し、自己と同じ他者がそこに存在するということを無視することにより、世界を争いの修羅場へと化す力である。この自己中心性を乗りこえることこそ平等の実現なのであるが、その点に関して、アリストテレスは次のように言っている。「ポリス（共同体）が同等の者たちから構成されている場合、一人の者がすべての市民の支配者であることは自然にかなっていない、と思われる。なぜなら、同等の者たちにとっては、同じ正義と同じ価値が自然にかなっていることは、必然であるからである。……それ故に、同等の者たちは支配されるよりもより多く支配しないことが正義にかなっているのであり、したがって、交代に支配し支配されることが同様に正義にかなっているのである。だが、これはすでに法である。なぜなら、秩序は法であるからだ」（『政治学』一二八七A一〇―一八）。ここで語られている平等は、政治的権力の行使に関するもので、平等の問題がこれに尽くされるわけではないが、アリストテレスはここで、人間の政治的平等は権力の交互的掌握によって実現される、と言っているのである。共同体を運営する政治が必然的に役職に伴う権力を要請するとすれば、人間の平等はその根幹においては権力交代の制度化によって近似的に実現される他はない、ということだ。そして、この制度化が法なのである。

民主制（多数者の支配）という政治制度は、人間の平等という原理から必然的に帰結する体制であるが、少数者の支配（王制、貴族制、寡頭制、独裁制）に対する民主制の優越点についてアリストテレスは次のように言っている。民衆は一人一人を見れば、たしかに、それほど優れた人間ではない。しかし、皆が一緒に集まれば、一人の優秀人よりも、より優れた判断をくだす。「なぜなら、多くの人々の各々は徳や思慮の一片をもつにすぎないが、寄り集まると、あたかも、多くの足をもち、多くの手をもち、多くの感覚をもつ一人の人間になるように、性格や思惟に関しても同様である〔巨大な能力をもつにいたる〕からである」（『政治学』一二八一B四―七）。さらに、多数は少数に比べると、ちょうど多量の水が腐敗しにくいように、いっそう腐敗に対して抵抗力がある。たとえば、一人の裁判官が怒りや情欲や貪欲や恐怖の衝動に負ければ、その判決は必然的に腐敗せざるをえないが、万人が同時にそのような衝動に負けるということは、ありえないわけではないが、はなはだ困難である、と（同上、一二八六A三一―三五）。アリストテレスは「エンドクサ（多くの人々の合意）」に倫理の基礎を置いたのであるが、それは、多数者である民衆の声にいわば人間本性の声を聞いたからであり、民主主義を創造した真にギリシア人らしい考え方であった、と言える。

第2章 ギリシア人とはなにか(二)——理性と本質への眼差し

1 ギリシア人とバランスの感覚

狂信や独断は、それが宗教の姿をとるにせよイデオロギーの姿をとるにせよ、いつの時代でも人類の文化を脅かす魔物であるが、ギリシア人はそのバランス感覚によりこの魔物と戦い、これを打ち倒す道を歩き始めたように思われる。

カロス(美しい)の含蓄

この点を、まずいくつかの重要なギリシア語の含蓄から考えてみよう。たとえば、"Kalos"という言葉がある。これは普通「美しい」と訳される形容詞であるが、「美しい顔」「美しい体」のように身体的な美を表すこともあれば、勇敢な行為や節制の徳に適用されて倫理的な美を表すこともあり、さらには、「美しい軍隊」といえば「優秀な軍隊」を、「美しい風」とは「順風」を、「美しい港」とは「良港」を意味するという具合である。つまり、ギリシア人にとっては、これらのさまざまに異なったカテゴリーに属する事柄は、"Kalos"という一つの性質を共有しているのである。われわれ近代人は、存在と価値を分断し、さらに、倫理的価値と美的価値を分断し、そうして、ものごとを分析的に細分化して考えることを金科玉条としているが、ギリシア人は必ずしもそうではなかった。なにごとについてであれ、賛嘆に値する事柄に出会ったときにギリシア人の発する言葉が"Kalos"であったのである。

アレテーの意味

"Aretē"という言葉は、ギリシア人のこの全体的な平衡感覚をもっとも典型的に表す言葉の一つであろう。この言葉は普通「徳」と訳され、もっぱら倫理的な意味でのみ理解されているが、本来は、あらゆる領域における「優秀性」を意味している。たとえば、馬のアレテーといえば「速く走ること」であり、弓のアレテーといえば「矢を遠くへ飛ばすこと」であり、そして、人間のアレテーといえば、「身体的な力、敏速さ、健康、美、精神的な力、理解力、記憶力、思考力、さらには、勇気、節制、正義、知恵などの倫理的諸徳」のすべてを指している。アキレウスはホメロスにおける代表的英雄であるが、強力無比の戦士であり、最速の走者であり、同時に、弁舌もたち、詩魂もある高貴な魂の持ち主である。ホメロスの讃えるアレテーとは全体的な人間の優秀性なのである。ギリシア人にとっては、一個の全体的人間が存在するのみで、デカルト哲学や通俗キリスト教に見られるような、身体と精神との間の尖鋭な区別は存在しなかった。ギリシア人は身体の鍛錬を教育の重要な要素と見なしていた

図 2-1　オリュムピア競技場入口

が、それは、教育とは端的に全体的人間の教育だからなのである。古代ギリシアの遺跡を訪ねれば、今日でも見られるように、すべてのギリシアの都市国家には街の中心にアゴラ（集会や商売のための広場）、劇場、体育館、オーデイオン（公共の集会などのためにも使われたコンサート・ホール）などがあった。そこには、若者ばかりではなく、あらゆる年齢の人々が日常的に寄り集い、身体を鍛え、演劇を楽しみ、哲学を論じ、政治を議した。ギリシア精神のこの全体的平衡感覚を典型的に示すもう一つの例は、各種の国際的競技大会である。もともと、この種の大会は宗教的祭典の一部分であった。すなわち、オリュムピアにおけるゼウスの祭典、デルフォイにおけるアポロンの祭典、アテナイにおける女神アテーネーの祭典、エピダウロスにおけるアスクレピオスの祭典などに際して、聖域のうちで、運動競技大会が開催されたのである。ギリシア人は宗教的祭典のうちにこのような行事をごく自然に組み入れた。なぜなら、運動競技は、人間がアレテーを昂揚し発揮する場であり、アレテーの発揮は神々へのふさわしい献げものであったからである。アレテーは全体的人間の優秀性なのであるから、悲劇や音楽の競演と並んで運動競技があることは、まったく当然のことであった。

紀元前五世紀前半のピンダロスは、華麗な言語を駆使して人生の儚さを歌った厳粛な詩人であるが、われわれに知られている限りにおいては、かれの詩はすべて運動競技の勝者への賛歌である。ギリシア人の人間観を知らなければ、このことは訝しく思われるであろう。詩人とは、もっと内面的なこと、精神的なことを歌うべき者ではないか。だが、ギリシア人にとっては、大競技会における勝者とは人間の中の人間、ほとんど半神であり、市民たちから各種の公的な名誉を贈られるような存在であった。そのような者は、いわばアキレウスのように人間のあらゆるアレテーを具現して、そこに立っているのである。ピンダロスはこのような者を作詩のテーマにしながら、その輝かしさとのコントラストにおいて、人間の有限性を歌っているのであり、ここにも、いろいろな意味において、ギリシア人の全体的な感覚がよく現れている、と思われる。

ギリシア人のバランス感覚をよく表すもう一つの例として、エウリピデスの悲劇『ヒッポリュトス』を考えてみよう。一般に、ギリシア人の世界には、東方世界や中世によく見られるような、宗教的熱狂者あるいは極端な禁欲主義者は希にしか存在しない。ところが、エウリピデスはヒッポリュトスという名のこのようなファナティックを描いたのである。この一見非の打ちどころのない美青年は、アテナイ王テセウスの息子であるからには何一つ不自由のない身分にありながら、処女神アルテミスを崇拝して生涯童貞で過ごすことを誓い、あまつさえ、愛の女神アフロディーテーをないがしろにする。この態度にかれの乳母は不気味な予感を覚え、「かれは、若いために自分の無思慮が解らないのですから、どうかお赦しください」とアフロディーテーに祈る。しかし、愛の女神は赦さなかった。女神は、テセウスの貞淑な妻パイドラーを狂わせてヒッポリュトスへの横恋慕に追い込み、これが元となってパイドラーもヒッポリュトスも破滅的な死を遂げるのである。エウリピデスは、おそらく、ヒッポリュトスという人物の創造により、人間としてはバランスのとれていない危険人物を描こうとしたのであろう。アルテミスとアフロディーテーは、互いに矛盾した二柱の神々であるが、人間は同時にこれらの矛盾した神々を拝まなければならないのである。このバランスが崩れるとき、悲劇が起こる。

2 理性と本質の探求

理性主義

コスモス（Kosmos）というギリシア語ほどギリシア人の理性主義を端的に表している言葉はあまりない。この語は、近代ヨーロッパ語に入って「宇宙」を意味しており、元のギリシア語においても同様であるが、しかし、大本の意味は「配列、秩序」である。つまり、ギリシア人は「宇宙」を端的に「秩序」と言ったのである。すなわち、宇宙を支配しているものは混沌とした偶然ではなくて、法則である、という理解である。哲学は、紀元前六世紀にイオニア地方（現在のトルコ領エーゲ海沿岸地方）のギリシア人植民都市ミレトスで始まったとされるが、それは、この時期に、多彩な現象世界の諸存在者の根底にそれらの原《もと》となる唯一の実体をこの都市の人々が探求し始めたからであった。その場合、実体として、かれらがどのような解答を提出したかは、後に第5章で論ずるようにそれぞれに理由はあるが、あまり重大な問題ではない。問題は、かれらが世界の根底に唯一の不変の実体を求め、生成変化する多様な現象世界をこの実体の変容として説明しようとした点にあるのである。それは、偶然の多様性の中に埋没していた人類が、本質の恒常性へと目覚めた瞬間であった。

ギリシア人の文学

本質の探求、これがギリシア理性主義の根幹である。ギリシアの悲劇詩人の諸作品もこの同じ精神的刻印を帯びている。たとえば、ホメロスは戦争をテーマにしながら、戦争の経過の詳細をほとんど描かない。かれは、膨大な素材の中からいくつかの出来事をとりあげ、それらの出来事を焦点にして、かれの考える人生の意味、人間の苦悩と喜びを語ろうとするのである。『イリアス』の素材は、一〇年にも及ぶトロイ戦争の全体であるが、ホメロスはその中から最後の頃の一〇日間ほどを描くのみである。すなわち、美女ブリセイスをめぐる総大将アガメムノンの欲望と狂気、かれとアキレウスとの争い、名誉を傷つけられたアキレウスの戦線離脱、これら一連の出来事がいかに多数の兵士を死地に追いやったか、アキレウスの影武者となってギリシア軍を窮地から救おうとしたパトロクロスの英雄的蹶起《けっき》とその自己認識の錯誤による討死、殺された親友パトロクロスの復讐のために戦線に復帰するアキレウス、パトロクロスを討ったために運命の歯車を巻いたことを知り、アキレウスとの一騎討ちを逃れられぬ運命として受容するヘクトール、そして、ヘクトールの死とトロイアの滅亡。最後の一〇日間に凝縮して生起するこれらの出来事のうちに、一〇年にわたって繰り広げられた戦争なるものの本質が、すなわち、欲望と名誉に生きる人間の生き甲斐と絶望、輝きと闇、優しさと残酷さのすべてが、語られているのではなかろうか。

アイスキュロスの『アガメムノン』もまた、膨大なアルゴス伝説を素材にしながら、その語るところは驚くほど簡潔である。王位をめぐるアトレウスとテュエステスの兄弟の争い、それに伴う血塗《ちまみ》れの凶行の応酬、ヘレネとアレクサンドロスとの不倫、イフィゲニエの悲話、トロイ戦争、クリュタイムネストラの夫殺し、オレステスの母殺し、このように厖大な素材の中からアイスキュロスはただ一つの場面すなわちクリュタイムネストラの夫殺しの場面を取り出し、その中に、この血塗れの一族の呪われた宿命の本質を集中的に描き出しているのである。それは、根絶できない憎悪から発する凶行の無限の連鎖反応、と言えるであろう。ギリシアの悲劇作家は人生のパノラマを写実的に描写しない。かれらは、かれらが人間の普遍的な真実と見定めた一つの理念を、可能なかぎり明晰にかつ強力に表現しようとする。あらゆる贅物を削ぎ落として本質に迫ろうとするこの厳格な論理性は、紺碧の空を背景にして岩山の上にそそり立つギリシア神殿の単純さに対応しているであろう。

ギリシア人の造形作品

ギリシアの建築や彫刻の中にも、われわれはこの同じ精神態度を認めることができる。ギリシア人の建造物は、形、均整、対称、様式の結晶である。そこには、いたるところに論理と明晰さがある。ギリシアの神殿を西欧中世のゴティック様式の大伽藍と比べてみれば、この点は一目瞭然である。たとえば、パリのノートルダム大聖堂を想い浮かべてみよう。このフランス式に繊細で華麗ではあるが、巨大な寺院の内壁外壁は、数知れぬ彫刻に覆われている。そこには、聖者、天使、グロテスクな怪物、王様、鳥、

図 2-2　パリのノートルダム大聖堂正面

獣、花、自然界のすべて、天国と地獄、宇宙の光と闇のすべてがある。ゴティック大聖堂の現すこの多様性、豊饒性は、人生の限りなく豊かなエネルギー、宇宙の底知れぬ深淵を表してもいるであろう。しかし、ギリシア神殿の現す明澄な単純さ、端正さは、このゴティック的豊饒性とはなんと異なることだろう。アテナイのアクロポリスのパルテノン神殿は言うまでもないが、デルフォイのアポロン神殿やスーニオン岬のポセイドン神殿もわずかに土台と数本の列柱を残すのみであるにもかかわらず、圧倒的な形相美でわれわれの心を捉えるのである。それは、あらゆる贅物を削ぎ落とした単純な法則性、幾何学的均整の現す白刃の美である。

　ギリシアの彫刻は、エジプト的な重い素朴さから次第に軽やかな繊細さへと発展してゆくが、少なくとも紀元前四世紀にいたるまでは、個人を表現しようとはいささかも試みていない。それはつねに運動選手とか英雄とか神々を表現しようとしているのである。なぜであろうか。それは、ギリシアの芸術家たちがつねに理想を表現しようとしたからである。かれらはつねに普遍的なもの、形相的なもの、法則的なもの、理念的なものを追求している。芸術家の仕事は可能なかぎり最高の美を、最高の力強さを、最高の優雅さを、表現することだ。もし、個々の人間が不完全なもの、劣ったもの、弱いもの、醜いものであるならば——もちろん、現実の人間は多かれ少なかれそういう者であるわけだが——かれらは表現されるに値しないのである。芸術家が苦労してなにものかを創り出す以上は、形の崩れたもの、欠陥のあるもの、醜いものよりは、完全なもの、美しいもの、眺めて快いもの、喜びを与えるものを創造すべきである。これが、ギリシアの彫像が理想的な美のみを追求し、個人の個体的特徴に注意を払わない理由である。これらの彫像は美しいが、みな同じ表情をしている。ここには、不完全なものはいわば存在の資格において劣っている、という感覚がある。

図 2-3　スーニオン岬のポセイドン神殿

この感覚に基づけば、個体はいかなるものでもそれ自体において価値がある、という思想は生まれないだろう。西洋の思想において、個体が本当に問題になるのは、キリスト教の成立以後である。人間の個的実存のかけがえのなさの自覚は、人々に心配をかけない従順な九九匹の羊をさしおいて、一匹のはぐれ者の羊を探しにゆくあの羊飼いの物語に始まるのである（『ルカ福音書』第一五章四—七）。こういうわけで、ギリシア哲学においても、個体は本当の意味では問題になっていない。個体の問題にもっとも近寄ったアリストテレスにおいてさえ、実体（ousia）は形相（eidos）という普遍的本質なのである。

図 2-4　幾何学文様土器
前 750 年頃

ギリシア人の神

アテネの考古学博物館に、「鉾《ほこ》を投げるポセイドン」と名づけられた青銅の像がある。これは、もちろん、古典期の作品であるが、ごく最近エーゲ海の海底から引き上げられたもので、二〇〇〇年以上も海底に眠っていたために破壊を免れた名作である。この像の与える迫力はどこから来るのだろうか。これは、力の盛りにある男の自信と威厳に満ちた姿ではないか。均整のとれた体つき、まさに鉾を投げようと身構えた姿勢の現す力の充満、前方を見据える恐れを知らぬ眼差し、顔全体の与える知性のオーラ、これらは、支配者の位置にある男の理想像でなくてなんであろうか。あるいは、ギリシアの宗教、文学、哲学のすべてを通して絶えず見え隠れするアポロンとは、何者であろうか。アポロンとは永遠の若者、決して敗れることのない強者、文芸に秀で、未来を予知する能力をもち、易々と敵を滅ぼし、友を守り、多くの美少女に恋い慕われる筆舌に尽くし難い美青年である。あるいは、ギリシア彫刻の表現する女神たちは、どうであろうか。アルテミス、アフロディーテー、カリテス、ムーサイ、これらの女神たちは、あまりにも清らかな、あまりにも魅力に溢れた、あまりにも優雅な、あまりにも詩情をたたえた人間の女たちではないか。つまり、ギリシア人の神とは、われわれがそう在りたいと願ってやまない、人間の理想化なのである。人間の生命への愛があまりにも昂揚して、神々の像へと結晶しているのである。ギリシアの詩人たちが、神々に、人間の持つ苦楽や情熱と同種

図 2-5　鉾を投げるポセイドン　推定カラシス作，前 460 年頃

図 2-6　アポロン　フェイディアス作（前 460 年頃）のローマ時代の複製

図 2-7　クニドスのアフロディーテー　プラクシテレス作，前 350 年頃

の、しかもより強烈な感情を与えたのは、けだし当然であった。なぜなら、神々とは永遠化された人間であり、人間の本質への賛歌に他ならなかったからである。もちろん、このような擬人的神観は、神観念としては、恐ろしくナイーヴである、とは言えるであろう。それは、人間の美しさの賛歌であると同時に、人間の暗い面の、人間の弱さや醜さの、是認でもあらざるをえないだろう。それだから、後に、クセノファネスやプラトンは、その非倫理性の故に、ホメロスの神々を厳しく批判したのであり、真実の神は人間にはまったく似ていないと言って、その超越性を主張したのであった。しかし、ホメロスの神々は、ナイーヴであるとともに、それとは別のなにものか、きわめて興味深いなにものかでもあるのである。いったい、人間を神々のイメージにまで高めて賛美するとは、なんという大胆不敵な精神であろうか。だれが、そもそも、ホメロスやヘシオドスに神々の像を彫琢する権限を与えたのか。だれでもない。かれら自身である。かれらが為したことは、人間の自信の、自己意識の、そして、無限の可能性をはらむ能力の、それまでに前例のない賛美であったのである。

ヘシオドスは、『神統記』という書物において、神々の系譜もしくは神々の誕生を物語っている。まずはじめに、カオス（原初の混沌に生じた裂け目）が現れ、次に、胸幅広きガイア（大地）と霧深きタルタロス（地底界）とが生まれ、さらに、エロス（愛）、ニュックス（夜）、ヘメレ（昼）、ウラノス（天）、ポントス（海）、クロノス（時）、タナトス（死）などが陸続と誕生する。これらの叙述によって、ヘシオドスはなにをしているのか。かれは、宇宙生成のプロセスを神々の誕生として叙述しているのである。すなわち、哲学的に言えば、ヘシオドスは存在の諸領域（もしくは、諸力）が神だと言っているのであり、その存在（力）とはわれわれがその中に住んでいる世界そのものに他ならない。アリストテレスによれば、タレスは「万物は神々に満ちている」と語ったが、この言葉はヘシオドスの語った宇宙観の延長線上にある。かれに続くアナクシマンドロスもアナクシメネスもかれらの立てた究極的実在に「不死」「不滅」「神的」などの形容詞を与えているが、この場合も同様である。かれらはみな、ホメロス、ヘシオドスの中で物語られていた究極的実在としての自然の力の神格化を継承して、自然が神だと言っているのであり、自然の力が永遠であり、不滅であり、完全であり、美であるが故に、神は永遠不滅の、完全な、美しい存在なのであった。

3　哲学の誕生

「神々の気まぐれ」から「理性的秩序」へ

哲学の誕生は、世界のいろいろな出来事が現象的には混沌としているが、実は一つの根本的な秩序をもっており、しかもこの秩序は非人格的な力の現れである、という確信が芽生えたときに、起こったと言えるであろう。

哲学以前の人間精神も、それはそれなりに、世界の中で生ずるもろもろの出来事を説明する独自の見方を持っていた。かれらは、自分が衝動と感情によって動かされる存在者であることを知っている。理性、欲望、愛、憎悪、勇気、嫉妬、復讐心などによって、われわれ自身の行動は支配されている。それならば、世界の中で行われるもろもろの出来事もまた同様である、と考えるのはごく自然なことではなかろうか。すなわち、世界の出来事は、われわれに似ているが、われわれよりはずっと強力ななにか卓越した存在者によって支配されているのだ。その把握しがたい圧倒的な力によって、われわれは弄《もてあそ》ばれているのである。

このような理解の仕方は、初期のギリシア人の精神を支配していた多神世界の了解様式であって、その具体例はホメロスの中に絵画的に現れている。そこでは、すべての出来事は人格的な神々の行為によって惹起される。オデュッセウスが海上を一〇年間も漂流するのは、かれが海の神ポセイドンを怒らせたからであり、そのため帰国寸前に度々大嵐や大波に襲われて、あらぬ方へ押しもどされるのである。さらに、雨、嵐、雷、地震、病気、死などのような外的自然の出来事のみが神の仕置きなのではない。愛欲や怒りの激情のような圧倒的な内的衝動、なにか自分がコントロールできない力によって自分が左右されているという感覚もまた、神の仕業なのである。たとえば、アガメムノンがアキレウスの女を強奪したのは、狂気の女神アーテーがアガメムノンを狂わせたからである。あるいは、極端な愚行は「ゼウスが知恵を奪った」からであり、ものの数に入らぬ男が戦場で目ざましい勇敢さを見せたとすれば、「いずれかの神がその戦士に力（menos）を吹き込んだからなのである」。

最初の哲学者たちの仕事の意味を評価しうるためには、当時においては、宗教的な説明がもっとも自然であり蓋然的でもあったということを了解する必要がある。われわれに現れる世界は、一見混沌であり無秩序である。人格的意志の気まぐれな働きとか、相争う諸意志の衝突とかは、見通しの利かない現象世界の逸脱や乱雑を説明するためには、一つの根底的な秩序を立てるよりも、ずっと有効であっただろう。実際、最初の哲学者は、世界を一つの根底的な秩序に基づいて説明しようと試みたとき、証明のない仮定を立てて前進したのだ、と言える。

それ故、ヨーロッパにおける哲学の誕生は、宇宙の起源やその中の出来事について、神話的説明を放棄した、という点から始まる。宗教的な見方に代わって理性的思考が登場する。その根本信条は、この見える世界は理性的可知的な秩序を秘めており、自然的世界の原因はその理性的可知性の境界内において求められるべきであり、人間理性の活動はこの探求にとって唯一にして充分な道である、という点にある。では、この知的革命を惹起した人々は、どのような人々であり、どのような状況下に生きていたのであろうか。

この知的革命の最初の代表者タレス、アナクシマンドロス、アナクシメネスらはみなミレトスの市民であった。このポリスは、現在ではトルコ領の小アジアの西海岸に古代の遺跡として存在するが、かれらの時代にはすでに五〇〇年も存続していたポリスで、当時では、まさに恐るべきエネルギーを放射するギリシア世界の一大中心地であった。古代の伝承は、ミレトスが九〇を下らない植民市を従えていた、と伝えている。これらの植民市の中のもっとも古いものの一つは、エジプトのナウクラティスで、前八世紀の中頃に建てられたものである。ミレトスは、内陸から海岸に運び出される原料や加工品に対する貿易の拠点として機能することにより、また、ミレトス市自身の多様な生産物の輸出により、巨大な富を蓄えた。その交易範囲は、北は黒海、東はメソポタミア、南はエジプト、西はイタリアのギリシア植民都市に及んだのである。

こうして、ミレトスの経済的繁栄と文化的隆盛は、哲学者たちに直接的現実を一歩超えた知的探求への余裕と刺激を与えた。哲学の起源は「驚異（thaumazein）」もしくは「好奇心」である、とプラトンやアリストテレスは言っている（『テアイテトス』一五五D三、『形而上学』九八二B一二）。ミレトスの哲学者たちが自然現象の壮大な単純化を試み始めたのは、人間の禍福のために自然力を支配しようと考えたからではなく、まったく純粋な好奇心からであった。人間生活の向上のためにさまざまの道具や技術を開発応用するという点においては、千年以上も前からエジプト人たちがギリシア人にさまざまのものを教えてきた。しかし、哲学の炬火はエジプトには灯らなかった。なぜなら、かれらは知識をそれ自身のために愛好するという真理愛、あの純粋な好奇心の火花を欠いていたからであり、ギリシア人が「フィロソフィア（philo-sophia「知への愛」）」という言葉の中にこめた知は、そういう知に他ならなかったからである。

哲学は、人間生活の実際上の要求から生まれたのではない。哲学がなくても、人間は生きてゆける。哲学は直接的経験の世界から一歩離れ、高度の抽象化、一般化、理性の自由な運動によって成り立つものなのである。ギリシア人は「なぜ」と問うた。そして、原因へのこの関心は直ちに一般化への要求を引き起こした。たとえば、エジプト人は火が有用な道具であることを知っていた。それは、煉瓦を堅牢にし、砂をガラスに変え、鉄を鍛え、鉱石から金属を抽出する。かれらはこれらのことを為したが、その事実に満足していただけである。しかし、ギリシア人のように、「なぜ」同じ火がこれらのさまざまの働きをするのかと問うならば、われわれは火の本性一般について問い始めているのである。この高度の一般化への前進が、ギリシア人が開いた新しい思考の本質なのである。エジプト人の幾何学やバビロニア人の数学についても同じことが言えるだろう。ギリシア人は、個々の具体的な三角や四角の土地から、土地測量術（geômetria）を抽象的次元へと上昇せしめ三角形そのもの、四角形そのものについて考え始めたのである。数百坪の土地であろうと、単に砂に描かれた図形であろうと、常に同じ性質をもつ三角形自体についての考察である。実際、素材的具体性はもはや問題ではない。すなわち、ギリシア人は「形」（形相〈eidos〉、イデア〈idea〉）を発見したのだ。形に関するギリシア人の感覚は、かれらのあらゆる活動、文学、絵画、彫刻、建築、哲学の中に強烈に刻印されている。それは知覚から概念への前進であり、視覚触覚によって認められる個別例から理性によって認識される一般概念への前進であったのである。

第3章 ホメロス

1 歴史的真実

キオス島出身の、盲目の詩人と言い伝えられているホメロスとは、いかなる人物であろうか。まず、『イリアス』『オデュッセイア』の二大叙事詩が、単一の詩人の手になるものかどうかについても、説が分かれている。すなわち、両者は共に英雄主義の世界を描いてはいるのだが、話の仕組みからして、『オデュッセイア』が『イリアス』の後に成立したことは明らかである。しかし、それよりも、『オデュッセイア』の世界では人々の考え方や行動様式が、『イリアス』の世界におけるよりも、合理性の点で進んでいる、と言えるからである。さらに、この両叙事詩の背後には、各地の宮廷を巡って歌い歩いた吟遊詩人の幾世紀にもわたる伝承があり、この歌われた数々の伝承詩の各グループは文字の助けを借りることなしに朗誦され、伝達されてきたものであった。たとえ

図3-1　ホメロス　前460年頃の作品のローマ時代の複製

ば、『イリアス』の背後には、英雄アキレウスに関わる諸伝承があっただろうし、『オデュッセイア』の背後には、アルゴー船にまつわる数々の物語があったであろう。それ故、ホメロスという固有名は、およそ前七〇〇年頃、これらの伝承されてきた諸英雄伝説を比類のない構成力で整理編集したある天才的な人物を指すかもしれない。あるいは、『イリアス』を構成した天才的な師に匹敵する天才的な弟子が、数十年後に多少新しい視野の下に『オデュッセイア』を構成したが、両者が共にホメロスの作と呼ばれたのかもしれない。いずれにしても、この両叙事詩は、同じ世界観を共有し、その構成力といい、その論理性といい、その美的感受性といい、ある強力な知性の統率力を示唆している。とにかく、文字のない幾世紀を通して発展してきた吟誦詩の諸伝説をアルファベットの導入により恒久化することが可能になったとき、これらの吟遊詩人の中から世界文学史上もっとも偉大な叙事詩の一つを創り出した人もしくは人々が出現したことは、驚くべきことであった。

それでは、ホメロスはなにを歌っているのであろうか。暗黒時代のギリシアには、たくさんの英雄伝説が存在したが、それらのうちで最大のものはギリシア本土からの連合軍によるトロイアへの侵攻、そして、英雄たちの帰還であった。『イリアス』と『オデュッセイア』はそれぞれ二四巻の長大な叙事詩であるが、前者は一〇年間に及ぶトロイア攻略戦を最後の数日間の出来事のうちに集約して描写し、後者は英雄オデュッセウスがトロイアから故郷イタカに帰り着くまでの一〇年間の放浪を、これもまた数十日の出来事のうちに集約して描いている。かつては、これらの物語は単なる伝説もしくは創作と思われていたが、シュリーマンやその他の考古学者の発掘調査により、トロイアが事実存在し紀元前一三世紀の末に滅ぼされたこと、また、ホメロスが描く英雄たちに関連のある多くの遺品や事蹟がミュケーナイに残っていたこと、などが明らかになった。つまり、ホメロスは前八世紀に前一三世紀のミュケーナイ時代を描いているのであり、そこには歴史的真実の核のようなものが存在するのである。

2 神々と人々の交わる世界

ホメロスの世界は人間と神々の混在する世界である。神々は天空（オリンポス山）に住んでいるが、人間と同様の仕組みで生きている。すなわち、神々にも一人の主（ゼウス）がおり、かれらは度々会議を開いて事を決定する。その上、神々は人間と同じ情熱で生きている。かれらは愛し、憎み、怒り、争い合う。だから、当然、人間と同じ欠点も持っている。では、人間と神はどこが違うのか。その違いは、人間が死すべきもの（thnêtos）であるのに対し、神々は不死（athanatos）である、という点である。そして、死すべき生命の超人的理想化が不死であるように、人間の持つあらゆる能力（美、力、速さ、知力など）の超人的理想化が神々の能力に他ならない。

さて、人間と神々が混在するこの世界では、人間界の出来事はほとんどすべて二つの次元で起こる。つまり、神々はあらゆる出来事に介入するのである。英雄たちの背後には、ほとんど常に神々がいて、操りの糸をひいている。まず、いくつかの例を見てみよう。

アガメムノンの弁明

かつて、アガメムノンは、アキレウスに戦功の褒美として与えられたブリセイスという美女を横取りしたが、それによって名誉を傷つけられたアキレウスが怒って戦線を離脱したために、ギリシア軍は大敗北の危機に曝されていた。ギリシア軍がトロイアの地で壊滅しないためには、アキレウスを戦線に復帰させなければならない。アキレウスにどう謝罪すればよいのか。すでに、謝罪のために山のように賠償の品々が提示されたが、それによっては、アキレウスは心を動かされなかった。

ところが、アキレウスとアガメムノンの和解をとりあつかう『イリアス』の第一九巻には、アガメムノンの弁明がこう描かれている。かつて、アキレウスの女を横取りした日の私の振舞いは、私自身の振舞いではない。あの日には、女神アーテー（狂気）により、私は狂気へと落とされていたのだ。人の身で、万事を支配する神に、どうして抗しえたろうか、と（『イリアス』一九、八六―九二）。この弁明は責任回避のためにアガメムノンが考えだした単なる遁辞ではない。なぜなら、侮辱された当のアキレウスも、これに続くくだりで、アガメムノンがアーテーにとり憑かれたことを認めているからである。この事件が神の仕業であったことの確認によって、和解が成立したのである。

同じ事情は、アカイア軍の軍船の傍らで奮戦するヘクトールの描写のうちにも見られる。アキレウスを欠くアカイア勢に対し、当たるところ敵なきがごとくに殺戮をほしいままにするヘクトールは、槍をもてる軍神アレス（戦）のように荒れ狂った、と記されている（『イリアス』一五、六〇五―八）。パトロクロスの屍体をめぐる戦いにおいては、アレスがヘクトールの中に入り込み、ヘクトールは勇気と力に満ち溢れた、とも言われている。さらに、スパルタ王メネラオスとトロイアの王子アレクサンドロスとの決闘の場では、今こそ誘惑者アレクサンドロスに懲罰を加えようと意気込んでメネラオスは女たらしの王子の兜の緒をつかんで土煙の中で王子を引きずり回すが、そのとき、女神アフロディーテーが窒息死寸前の王子の兜の緒を切って、王子を濃い霧で覆って助け出す

（『イリアス』三、三四〇―八一）――ちなみに、アフロディーテーがアレクサンドロスに、したがって、トロイア方に特別の好意を示し、これに加勢するのには理由がある。それは、王子が美女コンテストの際に彼女を最高の美女としたからである。ヘレネの誘拐はいわばそのことの褒美なのである。他方、女神ヘーレーとアテーネーがトロイア方に憎しみを抱き、この戦争をメネラオスとアレクサンドロスとの決闘で終結させずに、遂には、トロイアを滅亡にまで追い込んだのにも理由がある。それは、王子が彼女らに最高の美女の冠を与えなかったからである。つまり、女神らは、われわれ人間と同じ嫉妬心と復讐心にかられて、この世界史的な大戦争を惹起し、それを破局で終わらせたのであった。――さて、決闘の場面にもどろう。この描写は、偶然兜の緒が切れて、王子が死地を脱したことの文学的表現なのか。それとも、ホメロス及びその吟誦を聞いていた人々は歌われていたことを文字通りに信じていたのか。こういう出来事に、われわれ現代人を満足させる合理的説明を与えることは、それほど難しい仕事ではない。たとえば、アガメムノンの弁明についてならば、かれの行動はかれ自身にすら意識されていなかったかれのリビドーや権力欲がかれに為さしめた横車であったのだ。かれの下意識から突き上げてくる衝動の力があまりにも強力で、かれの抑制力はあたかも無に帰してしまったかの如くであったので、かれは女神アーテーに襲われたと感じたのである、と。あるいは、ヘクトールにアレスが乗り移ったという描写は、ヘクトールがあるとき常軌を逸して強くなりすぎたことの神話的表現である、と。人間には、時々、常軌を逸して頭が鋭く働いたり、心が正義感に燃え上がることもあるではないか。

だが、ここで、われわれが心しなければならないことは、ギリシア人自身にとっては神々は実在した、ということである。神々の介入がなければ、ホメロスの英雄たちの心理や行動は成立の足場を失うであろう。ホメロスの叙事詩自体が破壊されてしまうであろう。アガメムノンは間違いなく女神アーテーに襲われたのであり、ヘクトールには軍神アレスが乗り移ったのであり、アレクサンドロスは女神アフロディーテーに助けられたのである。しかし、これらの神々がなにを意味していたかについての、現代人われわれを納得させうる、われわれ自身の合理的説明もまた同時に成立しうることである。それらは、当時代の人々の考え方を支配していた先入観念（妄想）である、とか、今しがた述べた下意識における抑圧された衝動の発現である、とか、目に見えない因果の綾の突然の結果である、とか、である。すなわち、この二つの了解の仕方をわれわれは同時に持っていてよいのだ、と考えよう。

図 3-2 アマゾンの女王ペンテンレイアを殺すアキレウス エクセキアス作, 前540年頃

「ゼウスの意志は満たされた」

もう少し、神々の介入をたどってみよう。神々は必ずしも上に述べたような暗い衝動ばかりであるとは限らない。『イリアス』の第一巻のあの有名なくだりを考えてみよう。アガメムノンの暴言に怒髪天をついたアキレウスはあわや剣を抜きかけるが、そのとき知恵の女神アテーネーがかれの背後に立ち、怒りを鎮めよとささやく（一八三—二一四）。二人の勇士が命を落とすことを気づかって、アテーネーは天空から舞い降りたのであった。しかし、われわれとすれば、この出来事は、こんな風に理解しようとするだろう。おそらく、怒り狂ったアキレウスのうちに、突然、なにかこのような乱暴な振舞いを思いとどまらせる思慮が閃いたのであろう、と。それは、社会的な掟（王権には従うべし）を内在化したいわゆる超自我の働きであったかもしれないし、あるいは、ギリシ

ア軍の全滅への配慮であったかもしれない。いずれにしても、アキレウスは自分の衝動にチェックをかけるこのような働きのうちに自分の髪を摑んで引き止める女神アテーネーの介入を体験したのであった。

神々のこのような振舞いに関する用例は、『イリアス』『オデュセイア』の中にその他にもおびただしく見いだされるが、神々の働きが一個人の内面における心理的起動力に限られるものではない点について、あと一つだけ例を見ておこう。『イリアス』の第六巻では、トロイアに災厄をもたらしたヘレネが、自らの非を責めつつも、こう言っている。「ヘクトール様、あなたのお心が大変な重荷で苦しむのは、私の破廉恥とアレクサンドロスの狂気（アーテー）のためです。わたしたちにはゼウスが不幸な運命を定めたのであり、行末永くわたしたちは人々に歌われつづけることでありましょう」（三五五―八）。言うまでもなく、ヘレネはトロイ戦争の原因となったアレクサンドロスとの不義を嘆いているのである。それはヘレネの破廉恥とアレクサンドロスの狂気から起こったのであり、それ以上でも以下でもない。しかし、ヘレネのような倫理性の欠如した美女と――ちなみに、ヘクトールもアレクサンドロスも殺され、美しい城壁のトロイアさえ灰塵に帰したというのに、ギリシア軍の復讐の怨念は事件の張本人であるヘレネには向かわなかったのだ。彼女は再びメネラオスの妻としてスパルタに帰り、王妃として男どもに君臨するのである。これこそ美女に宿る女神アフロディーテーの魔力なのか――アレクサンドロスのような美青年が邂逅したということ、メネラオスがおそらく甚だしく嫉妬深かったこと、もっと現代風に言えばミュケーナイがトロイアを侵略する経済的社会的ななんらかの理由がおそらくはあったこと（たとえば、ウクライナ地方の穀物をギリシア本土へ輸送する補給線の要衝としてのダーダネルス海峡の確保が、トロイ戦争の原因である、という現代的説明もある）、これらの諸点から見れば、不倫からトロイアの落城までは必然的な過程なのである。諸々の条件の複合したこの必然的な過程を、ギリシア人はゼウスの意志と呼んだのだ。ヘレネは決して自分の恥知らずの責めをゼウスに塗り付けようともがいているわけではない。トロイアの国王プリアモスは、ヘレネを呼び、この涙多き戦いの責めはお前にではなく神々にあるのだ、と言って慰めているほどである。つまり、「ゼウスの意志は満たされた」とギリシア人が語るとき、それは、文字通りゼウスがすべての出来事の主宰者であることを意味しているが、同時に、人間をも含めて宇宙大に拡大された出来事の必然的な連鎖の承認でもあった、と解することができる。

人間の本性である神

こうして、ホメロスの神々について大体次のように言うことができるだろう。神々は人間のイメージで創られ、人間として最高の力と美を備えた存在である。かれらの行動様式は英雄たちの行動様式とまったく同一であり、したがって、英雄社会をそのままオリンポスの山頂に投影したのが神々の社会である。それ故、神々の間にも権力闘争があり、恋愛があり、不倫があり、騙し合いさえある。それでは、神々と人間との間にはどのような違いがあるか。それは、すでに述べたように、人間が死すべき者であるのに対して、神々が不死である、という点にある。これはなにを意味しているか。これは、神々が人間の本性、自然を現している、ということに他ならないであろう。われわれならば、リビドー、下意識、錯乱、怨恨、愛欲、憎悪、因果の縺《もつ》れなどを語るところで、ギリシア人は神々の働きを語る。ギリシア人の神々があれほど絵画的に明晰な分化を示し、それらのほとんどすべてにそれぞれ固有の機能が賦与されているのは、神々のこのような性格に由来する。神々は、人生の絵図面であり、したがって、怒りや情欲に駆られて残酷非情な姿もみせれば、低劣放恣な姿もみせるのは当然で、元来、倫理的善悪とは無関係の――ちなみに、オリンポスの神々の最大の特徴はその没倫理性にある、と言っても言い過ぎではないだろう――自然の力なのである。

ここから、神々が世界内在的な存在であることは、言うまでもない帰結である。事実、ホメロスにおいて神々は人間の女たちと交わり英雄たちの祖先となっている。あるいは、逆に、人間の男が女神と交わることもある。だから、両者は血縁関係にあり、人間はただ力において神に劣るというにすぎない。しかし、神々が自然の力であるということは、人間はけっして神々に逆らえないということをも意味している。もし逆らえば、ヒッポリュトスのように人間は破滅する他はないのだ。なぜなら、誰が自分の本性に、あるいは、自然に逆らうことができようか。これが、神々は不死であり、人間は死すべき者である、ということの意味することなのである。

運命と正義

ところで、ギリシア人の神々について、最後に、二つばかり補足しておかなければならない点がある。その一つは、この神々は全能ではない、という点である。すなわち、ゼウスでさえ従わなければならないより上位のなにかがあるのである。それは運命〔モイラ〈moira〉もしくはアイサ〈aisa〉〕である。ゼウスの息子サルペドンが戦場でパトロクロスと一騎打ちになったとき、ゼウスは死すべき定めにあった愛子サルペドンを救い出そうとする。そのとき、ゼウスの妃女神ヘーレーはこう言うのである。「クロノスの御子よ、なんたることを仰せられます。所詮は死すべき人間の身で、すでに早く命運(aisa)定まった者を、忌まわしい死から救おうとお考えなのですか」(『イリアス』十六の四三九—四二)。この言葉にゼウスは異を唱えることもできず、悲しみのあまり血の雨を降らせながら、息子の殺される様を凝視するのである。モイラは元来「分け前」という意味で「運命」であるが、人間にとり避けようのない究極の「分け前」は「死」であるが故に、「死」という意味にもなった。人間たちの死を左右することは神々の権限外なのだ。ゼウスでさえ死については運命に問いかける。トロイ戦争の最終の山場、アキレウスとヘクトールの決闘に際し、ゼウスは黄金の秤を取り上げ、二人の死（thanatos）をそれに載せて真ん中を摑んで持ち上げると、ヘクトールの運命の日（aisimon êmar）が下へさがって、トロイアの滅亡が定まったのであった（『イリアス』二二の二〇八―一二）。

ギリシア人の神々についてもう一つ補足すべき点は、この神々が倫理性の点で進化の途上にある、という点である。先ほど、この神々は没倫理的であると言ったが、それは話の半分である。後に、哲学の領域で、クセノファネスやプラトンがホメロスの神々の没倫理性を批判して、神観念の純化を遂行するが、ゼウスの正義という観念は、後の時代におけるほど明白ではないが、すでにホメロスのうちにもしばしば現れてきて、人間的世界の秩序や弱者の守り手となっている。ゼウスは客人や嘆願者の保護者である。約束を破ることはゼウスによって罰せられる。取り過ぎや勝ち過ぎは、ゼウスにより妨げられる。神々は単なる自然の荒々しい力から、文化的な礼節の保護者へと進化しつつあるのである。

3　生の賛歌

宇宙も人間も物品も美しい

ホメロスの世界では、すべてのものが美しい。神々も人間たちもみな美しい。まず、女たちに付けられている形容詞を見てみよう。「眼光輝く女神アテーネー」、「髪麗しき女神カリュプソー」、「白い腕《かいな》の女神ヘーレー」、「足首の美しいダナエ」、「賢明の誉れも高き妃ペネロペイア」、「美しい衣装のナウシカ」などである。

他方、戦士たちはみな丈高く強い。「神とも見まがうアキレウス」、「俊足のアキレウス」、「剛勇のアキレウス」、「智謀ゼウスに劣らぬヘクトール」、「勇名轟くヘクトール」、「アカイア勢を守る砦、軍神にも似た巨漢アイアス」などである。

さらに、調度品や武具も美しい。「玲瓏の響きを発する竪琴」、「銀鋲打った太刀」、「黄金製の見事な盃」、「船足速き黒塗りの船」、「銀製の食卓」、「黄金のパン籠」、「銀の金具を打った椅子」、「輝く青銅の釜」、「見事な造りの戦車」などである。

そもそも、人生の枠組み、宇宙そのものが壮麗ではないか。「甘美な眠り」、「朝のまだきに生まれ指バラ色の曙の女神」、「聖なる大地は瑞々しい青草を、また露を含んだクロコスとヒアシンスを生やす」、「葡萄酒色の大海」、キュクロプスを酔わせた「甘美な酒」、「輝く月とまばゆい星」、「穀物を実らせる大地」、「翼ある言葉をかけて」。宇宙のあらゆる活動が美と喜びと気高さに満ちている。戦闘でさえ、勝利をもたらす一撃と敗北の崩壊によって、生のエネルギーを語っている。「禿鷹の如く襲いかかって」、「燃え盛る烈火のごとく両軍は戦った」、「あたかも猟犬が野猪や獅子を速い足で追うように、……ヘクトールはアカイア勢を追い、遅れた者を次々と討ち取った。……ヘクトールは見事な鬣《たてがみ》の馬を乗り回し、軍神アレスの如く凄まじかった」（『イリアス』八の三四一―四九）。

このように、『イリアス』は雄雄しさの世界、力と速さと強さの発揮に人生の美と意義を見る世界だが、他方、『オデュッセイア』では客人の歓待や贈り物の交換が人生の重要事としてしばしば物語られる世界である。それは、他者への敬意が、社会的身分に相応しい贈り物の交換や一連の儀式的形式に則った客人の歓待などによって、実現される世界へと成熟しつつある姿を示している。オデュッセウスが幸いの地パイエケス人の国に漂着し、アルキノオス王に出会ったとき、王はこの何者とも知れぬ異国人を歓待する。オデュッセウスが王宮の床に座りこんでいると、王の長老がこう言う。「アルキノオス王よ、異国からの客人をこのように床の上、それも炉の灰の中に座らせておくのは宜しからず、また礼にも背きましょう。……さればまず客人を床から立たせ、銀鋲打った椅子に座らせた上で、近習たちに命じて、酒の用意をさせていただきたい」(『オデュッセイア』七の一五九―一六四)。王はこの言葉を聞くや、自分の傍にいた息子ラオダマスを立たせ、その美しい椅子にオデュッセウスを座らせた。女中が手洗いの水を、美しい黄金の水差しに入れてもってきて、銀の水盤を下に敷いて注ぎ、手を洗わせる。磨き上げた食卓を傍らに据えると、気品ある女中頭がパンを運んで卓に置き、蓄えの食糧を惜しみなくふるまって、とりどりの珍味をこれに添える。堅忍不抜の勇士オデュッセウスは心ゆくまで飲みかつ食らった。

この描写のうちには、人と人との原初の交わりが食事の共有であり、それのもたらす飲食の喜びであることが示されている。ホメロスにおいて、英雄たちは事あるごとに宴会を催している。ホメロスの英雄たちは、戦闘をしているか、宴会をしているか、のいずれかだと言っても、言い過ぎではない。しかも、ホメロスの時代、すなわち、前八世紀の貴族社会においては、それは相当に高度な芸術的調度品に囲まれた喜びの時間であったことが分かる。

社交としての贈答儀礼

他方、この世界では、贈り物の贈答は人と人との交わりにおいて極めて重要な必要事であった。贈答品は、それを贈った人の社会的地位、資産の大きさ、美的センス、相手に対する敬意の程度、などを表す指標なのである。それだから、贈られた品物に相応しい応答の品物を返すことも、極めて重要である。そのために、有名な宝物は、英雄たちの間を行き交いして、「誰それの黄金の鼎《かなえ》が今私のところにあるが、それを貴殿に進ぜよう」などと言われる。英雄たちが戦争で打ち負かしたポリスの宝物を略奪し、それらを自分の倉に大量に貯めこんでおくのは、この贈り物の贈答のためだ、と言ってもよいほどである。オデュッセウスの息子テレマコスが父の消息を求めてスパルタ王メネラオスを訪問し、いろいろな話を聞いた後の別れ際は、こうである。メネラオスは言う。「親しき子よ、さすがに高貴な血は争えぬもの、なんという立派な挨拶であろう。それなら、そなたに贈る品はこうしよう。この屋敷に秘蔵している品の中でも、一番美しく一番高価な品をあげよう。それは見事な造りの混酒器で総銀造り、縁には黄金が施してある。ヘパイストスの手に成るもので、かつてシドンの王、勇武のパイディモスが、帰国の途次に立ち寄った私を屋敷に泊めてくれた折、土産にくれたものだ。これをそなたにあげようと思う」(『オデュッセイア』四の六一一―一九)。立派な贈り物には持ち主の系譜までついているのである。

運動競技大会

そして、最後に、運動競技大会について一言しなければならないだろう。ギリシア人は、事あるごとに運動競技大会を開く。客人が来ると、まず、宴会を催し、酒に飽いたら、話に興じ、しばしば、最後に、運動競技で、若さと力を競うのである。かれらは、生の喜びをこのようにして楽しむのである。パトロクロスの葬式のときに、アキレウスは集った人々に呼びかけて、運動競技大会の開催を呼びかける。葬式と運動競技。なんという取り合わせか。しかし、ギリシア人にとっては、これこそが葬式なのだ。人々が生命の力とエネルギーを競い合うことこそ、生前は力に満ち溢れて数多の敵兵を薙ぎ倒した高貴な勇士パトロクロスを葬送するに相応しい贈り物ではないか。さらに、また、パイエケス人の王アルキノオスは、オデュッセウスの送別の宴の最後にこう言う。「パイエケス人を統べ、評議に与る方々よ、聴いてもらいたい。われわれはすでに、分け隔てなく飲み食いする宴も、また、華やかな宴の伴侶とも言うべき琴の調べも、心ゆくまで楽しんだ。これから戸外へ出て、あらゆる種目の競技を試みようではないか。客人が国許へ帰られた暁には、拳闘であれ角力であれ、跳躍であれ競争であれ、われらがその技量人並み優れていることを、親しい方々に話してくださるであろうからな」（『オデュッセイア』八の九七―一〇三）。ギリシア人にとって、生とは、力に溢れたもの、喜びに満ちたもの、愉しいもの、畏ろしいほど美しいものである。地上の楽園パイエケス人の国へ漂着したオデュッセウスは、川辺で王女ナウシカに初めて出会ったとき、こう言った。「あなたのお顔を見ていると、畏れ（sebas）が私を捉えます。以前デロス島で、アポロンの祭壇の傍らに生えている、あなたのお姿にも似たなつめ椰子の若木を見たことがあります。……これほどの美しい木は地上に生えたことがありません。ちょうどそのときのように、私はあなたのお姿を見て、あがめ（agamai）驚き（tethêpa）畏れている（dedia）のです」（『オデュッセイア』六の一六一―八）。生はあがめ、驚き、畏れるほど美しい。

4 ホメロスの霊魂観

迷信の嫌悪

ホメロスの世界は、蛇神や地霊への信仰、デーメーテールに代表される豊饒の祭儀、ディオニュソス宗教に代表される狂乱の密儀宗教に、明白な嫌悪を示している。これらを徹底的に抹殺している、と言ってもよい。それにしても、これらの暗い信仰の根は深く、それは、ホメロス以前の遥かな太古からギリシア文明が終わろうとするヘレニズム時代の末期まで、広く行われ続けたものなのである。それ故、ホメロスが伝統的なギリシア宗教に対して一つの断絶であることは、明らかである。それは、これらの叙事詩を生み出したイオニア地方が伝統や慣習の重圧を免れた植民地であり、かつ、貿易その他による経済的繁栄のために、力と自信に満ち溢れた人々の住む、知的に明るい風土であったためかもしれない。いずれにしても、ホメロスの描く英雄たちは、迷信が嫌いであり、来世を嫌悪している。かれらは、知的、肉体的なアレテーにより、英雄の地位をかち取った貴族たちである。かれらにとって、人生の喜びとは、自己の全能力を発揮して人生の与える良きものを享受することであり、そのためには、強健な肉体と鋭い知力が必要であった。それ故、老年と死はもっとも嘆かわしい悪と見なされた。――ちなみに、歴史学者のトインビーは、ホメロスの世界は青年野蛮人の世界である、と言っている。それは、この世界では、老いた者、力の弱い者は残酷に無視され、力の盛りにある若者のみが存分に生きているからである。現代で言えば、それはアメリカ、特にニューヨークの世界に似ているかもしれない。若者にとって、世界中でニューヨークほど魅力に満ちた都会はないだろうが、ここは力と美を失った老人にはまったく存在意味のない残酷な世界である、と言ってよいかもしれない。

力なき影

では、かれらにとって霊魂（プシューケー）とはなんであったか。かれらの考えでは、死ぬと、肉体は滅びプシューケーはあの世（ハデスの館）へ行く。だから、死後においても、人間はなんらかの形で存続するとは、考えられているのである。しかし、この死後の存在は、肉体の喪失のために、すべての良きものを奪われた惨めな存在にすぎない。死んだアキレウスの嘆きを聞こう。

死をつくろうことは止めてくれ。すべての、命のない死人の王となるよりは、生きて、暮らしの糧もあまりない、土地を持たぬ男の農奴になりたいものだ。

（『オデュッセイア』一一の四八九―九一）

この時代の農奴とは、財産もなく、土地もなく、自由もなく、ほとんど独立の人格とは見なされえないような惨めな存在であった。アキレウスのような自尊心の高い男が、その農奴となっても生きていたいと言うほど、ホメロス的人間にとって、あの世はつまらぬものであり、魂の存続は価値がないのである。魂とは、外見は生者にそっくりだが、力のない、煙のような、亡霊（eidōlon）である。ヘクトールを倒して仇討ちを果たしたアキレウスに、親友パトロクロスの魂が現れ、悲しく訴える場面がある。そのとき、アキレウスは親しく手をさし伸べるが、友の霊はかすかな悲鳴をあげて、「煙（kapnos）のように」地下へ去ってしまう。驚いたアキレウスはこう嘆息する。「なるほど、たしかに、黄泉の国にもなにか魂や亡霊はいるようだ。気力はまったく持っていないのに」（『イリアス』二三の一〇三―四）。ここに、「気力」と訳した"phrēn"というギリシア語は、ときには、悲しみや怒りのようなパッションもしくはそのようなパッションの座を表し、ときには、知識や認識の座を表すが、もともとは「横隔膜」を意味している。つまり、ホメロス的人間にとっては、心の働きと肉体の器官とが密着しているのであり、したがって、肉体の滅亡とともに心の働きも弱化衰亡せざるをえないのだ。魂とは、なんの力もない、生者のただの影絵のようなものなのである。オデュッセウスもまたハデスの国へ降り、母の魂に会う。かれは、懐かしさのあまり母を抱こうと三度跳びつくが、そのたびに母の魂は「影」（skiē）か「夢」（oneiros）のように逃れ去る。心痛のあまり嘆きの声をあげた息子に、母はこう言う。「ひとたび死ねば、これが人間の定め。もう、筋は肉と骨とを締めあわせず、気力が白骨を去るや、魂は夢のように飛び迷うのです」（『オデュッセイア』一一の二一八—二二)。

オデュッセウスの冥界降り

では、気力のない魂が、どうして、アキレウスのように嘆いたり、パトロクロスのように訴えたり、オデュッセウスの母のように諭したりできるのだろうか。その点の秘密を語る『オデュッセイア』の第一一巻は、それによって同時にホメロス的人生観の深奥にも光を投げかけてくれる巻である。女神キルケーの島を離れたオデュッセウスの一行は、遥かなる地の果てオーケアノスの流れのほとりなるキムメリア人の国へやってくる。そこは、霧と雲に包まれた、輝く太陽の光も射し込まぬ、おぞましき夜の国である。つまり、この世とあの世の境目にある国なのである。そこに上陸したオデュッセウスは、一尺四方の穴を掘り、その中へミルク、蜂蜜、葡萄酒、穀物などを注ぎ、そして、最後に羊の喉を切って血液を流し込むのである。そうすると、エレボス(冥界)から亡者どもの霊が集まってくる。花嫁、未婚の若者、疲れ果てた老人、優しき乙女、血まみれの武具をまとった戦士、あらゆる種類の人々が蝟集《いしゅう》する。だが、オデュセウスは穴の上に白刃を差し渡し、灌奠《かんてん》の供物を渇望する亡者どもが穴に近づくことを許さない。やがて、昔の仲間エレプノールが現れる。この男は、キルケーの館で、別れの宴会の折、酒を飲み過ぎて屋根から転落し、首の骨を折って死んだ哀れな人物である。かれが言うには、どうか、わたしを埋葬もせず、わたしのために涙も流さずに、立ち去ってくれるな。そして、「灰色の海の浜辺にこの不運な男の塚を立て、その上に、わたしが生きて仲間とともにいたときに、それによって人生を漕いで渡ったあの櫂を立ててくれ」(『オデュッセイア』一一の七五—八)。エレプノールにとって櫂は人生の意味であったのだ。この愚かな男の人生が他人目にはどれほど見すぼらしいものであったとしても、櫂はこの男の人生における業績の——ひたすらに漕ぐということの——象徴であったのである。さて、それから、大予言者のテイレシアスが現れる。そのとき、オデュッセウスは初めて刃を鞘に収め、予言者に血を啜《すす》ることを許す。そうすると、テイレシアスは、オデュッセウスの未来に待ち受けるさまざまの苦難と、帰還の最終的な成功とを、予言し始めるのである。この物語はなにを語っているのだろうか。それは、おそらく、生命の原理である食物と血液によって無力な魂に気力を吹き込むということ、すなわち、「肉体的生命こそ生命なり」というホメロス的原理、を語っているのである。食物と血液によって亡者は明晰な意識を回復し、真実を語ることができるようになるのだから。他方、エレプノールは、屍体が埋葬もされずに放置されたままの状態にあったので、まだアケロン（三途の川）を渡っておらず、つまり、死にきっておらず、それだから、血を啜らなくとも語りえたのであろう。

5　英雄的人生

栄光と悲惨のコントラスト

ホメロスにおいて、英雄たちは人間よりも神々に近い者として描写されている。「ゼウスから生まれた」「ゼウスによって育てられた」などの形容詞は、王の修飾語であり、「女神から美を受けた」「アルテミスのような」もしくは「アフロディーテーのような」のごとき形容句は美人の修飾語である。プリアモスは息子のヘクトールについて、「あれは人間のあいだでは神であり、死すべき人の子とは見えなかった」（『イリアス』二四の二五七—八）と言っている。だが、人間と神とのあいだには一つの超え難い相違がある。それは、神々が不老不死であるのに対し、人間が死ぬことである。

神のような輝かしさと闇のような死とが背中合わせに張りついている姿、そこに英雄が、いや、人間がいる。「神のようなサルペドン」が死んだとき、かれの屍体は両軍によって争奪された。そのとき、だれもサルペドンを見分けることができなかった。かれの父ゼウスでさえ、輝く眼を息子の屍体の争奪へと釘付けにしていたが、見分けられなかった。なぜなら、かれは頭の天辺から爪先まで矢に覆われ、血と埃《ほこり》にまみれていたからである。これが、生あるときには神にもまごう雄々しき戦士サルペドンの結末である（一六の六三八―四〇）。また、アキレウスは、復讐心にかられるのあまり、神のごときヘクトールに凌辱の行為を加える。かれの踝《くるぶし》に穴をあけて革紐を通し、自分の戦車に括り付けて、トロイアの城壁の周囲を引きずり回す。「そのとき、引きずられるヘクトールの周りに埃が立ちのぼり、鋼のような黒髪が両側にはためき、かつてはあれほどにも美しかった頭はまったく埃にまみれたのであった」（二二の四〇一―〇三）。神のごとき姿と凌辱を受けた姿のこの並列、神のように成りうる人間が埃の中に没するという、この没落の感覚、偉大さと脆弱さが相互に反照し合っているという、この逆説、これがホメロスからギリシア悲劇へと続く悲劇的人間観の核なのである。

神に愛でられし者

ゼウスは、ヘクトールとサルペドン、パトロクロスとアキレウスを愛している。だが、『イリアス』の結末までに、かれらのうちの三人は死に、四人目も間もなく殺される宿命にある。これが、神に愛される、ということなのである。かれらの力と栄光は、死の暗闇と引換えに、かれらに与えられたものである。かれらが恐ろしい運命の瞬間に近づくと、ゼウスの輝く眼は爛々とかれらの上に釘付けになる（一六の六四六）。なぜなら、ゼウスはかれらを愛しているから。だが、ゼウスがかれらを愛するのは、かれらの時間が数えられているからなのだ。ホメロスの神は強い者、豊かな者を愛し、弱い者、貧しい者を好かない、ということが、しばしば言われる。それは、たしかにそうだ。なにしろ、ホメロスの神々は貴族社会の英雄たちの投影なのだから。しかし、神の強者に対するこの好意は、強者を敗北と死から護るものではなく、むしろ、それに曝すものなのである。人間は存在の有限性という壁に撥ね返されて輝きを発し、燃え上がる。もし、人間の生命が限りなく続くものだとしたならば、すべては緊張を失い、不真面目に、無意味に、いわば遊びごととして、過ぎ行くことだろう。なにをしても、なにをしなくても、衰えることがなく、死ぬことがないのならば、真面目になる謂《いわ》れがなくなるだろう。それが、ギリシア神話の神々の世界である。これに対し、人間の生命は、数えられていることにより、かけがえのない一瞬という性格を帯び、厳粛になる。それは、虚無への没落に直面して燃え上がることができるのである。英雄は、その存在の極点において、嵐のように、氾濫する河のように、燃え盛る野火のように、荒れ狂う。そのような英雄は、ゼウスの力強い手に押されて、海の泡を飛散させる風のように、麦畑の刈り手のように、敵を刈り倒してゆく。敵はかれの戦車の轍の下に倒れて砕かれる。そうして、かれは進む。やがて、自分自身が死ぬために。『イリアス』の詩人は、弱った人間がだらだらと生きて行くのを好まない。重傷を負った戦士は、すぐに死ぬか、それとも、立ち直ってふたたび戦うか、そのいずれかである。生の讃歌は、敗れた者を真直ぐに死なせるのだ。

記念碑の建立

ホメロスの英雄の本質的特質はなにか。それは武勇と名誉である。武勇とは、英雄たちが発揮する戦功、かれらの戦士としての優秀さ（アレテー）の発揮であり、名誉とは、その武勇に対して与えられる、あるいは、かれらの家柄や社会的地位に対して与えられる、社会的承認である。それは、ほとんどかれらの存在意味である。かれらは人生を熱烈に愛しているが、それでも、名誉を守るためには命さえ棄てなければならない場合もある。親友パトロクロスの死に怒りを発し、ヘクトールに対する憎悪をたぎらせて一騎討ちを迫るアキレウスを見て、ヘクトールの父親のプリアモスも母親のヘカベーも城壁の上から悲痛な叫びをあげて、ヘクトールに城内へ戻るように懇願する。ヘクトールは勇猛な戦士ではあったが、アキレウスはかれよりもさらに強く、両者が戦えば、ヘクトールが討ち死にすることは万人に明白であったからである。加うるに、ヘクトールが殺されれば、トロイアの落城は必然の結果であり、男たちは皆殺しになり、女たちは妾奴隷か下婢になるだろう。それだから、これほどの重荷を背負ったヘクトールよ、はやる心を抑えて、今は退いてくれ。しかし、ヘクトールは父母のこれらの言葉に耳をかさず、スカイア門の傍らに仁王立ちになり、アキレウスを待ち受ける。ヘクトールとても自分が殺されること、それと同時にトロイアが滅亡することは、知っているのだ。しかし、ここで逃げてはヘクトールの名誉が廃れる。ここは自分の死に時なのだ（『イリアス』二二の二五―一三〇）。こうして、ヘクトールはアキレウスの槍にかかって果てる。英雄たちにとって、名誉は品物のように値が付けられるものではない。だから、侮辱は戦争と等価である。名誉を奪われることは、その奪われた者の人間が崩壊させられることを、意味する。アガメムノンがアキレウスの女を奪ったとき、このことが起こったのである。ブリセイスという女が問題なのではない。総じて、褒美の品が問題なのではなくて、その品によって象徴される名誉が問題なのである。

図 3-3　アキレウスとヘクトールの決闘

アキレウスは、母親の女神テティスから、二つの運命が行く手に待ち受けていることを、告げられる。もし、トロイアの地に留まれば、帰郷は失われるが、名誉は不滅となるだろう。だが、もし、懐かしい祖国へと帰るなら、名誉は滅びるが、早死を免れて、長い人生に恵まれるだろう(九の四一〇—一六)。アキレウスは、もちろん、不滅の名誉を選びとる。なぜなら、かれにとっては、ただ長く生きることのうちには、なんの意味もない

図 3-4　ペリクレス

からである。死すべき人間にとって、人生の意味は、なにか輝かしい功業を為し遂げることのうちにのみ、存するからである。ホメロスの英雄にとって、それは戦士としての功業である。アキレウスは、一二のポリスと一一の島々を攻略し、親友パトロクロスの復讐のためにヘクトールを殺してトロイアを滅亡へと追いやり、そうして運命の歯車を回して夭折する。アキレウスの生涯はこのような姿で名誉を全うしているのである。もちろん、ヒロイズムは、時代が進めば、必ずしも、このような個人的功業の成就には限られない。それは、ギリシア人のあらゆる営みを貫通するアゴーン(競争、競技、戦い)の精神のうちに脈々と生き続けていくものである。それは、オリンピアの祭典での運動競技における身体的卓越性の発揮から詩や劇作品の上演にいたるまで、ギリシア文化の特質をくっきりと浮かび上がらせるものに他ならない。

ペリクレスは有名な葬送演説の中で、アテナイの偉大さをさまざまの点から説いた。それは、二五〇〇年昔に本当に存在したとはほとんど信じられないような、偉業である。いわく、民主政治、自由競争原理、プライヴァシーの尊重、法治体制などの確立、さらに、外国人への国土の開放、自由の気風、理性の尊重、競技や祭典による生活のゆとり、等々の成立である。そして、演説の締めくくりに、ペリクレスはこう言うのである。「われわ

れの冒険心は全海陸に及び、われわれはいたるところに美と善の永遠の記念碑を建立したのである」(ツキジデス『歴史』二の四一)。なぜなら、民主政治や法治体制を確立し、地の果てにいたるまでこの理想を広めようとすることが、美と善の永遠の記念碑の建立でなくてなんであろうか。こうして、個人は、理想のポリスの建設への献身により、個人的功業という狭隘《きょうあい》な枠を超え出て、より普遍的な価値の建設への参与のうちにその存在意義を全うする。

だが、英雄といえば、さらに、ソクラテスがいる。アリストテレスは『分析論後書』の中で、英雄といえばアキレウスやアイアスをすぐに想い浮かべるであろうが、別種の英雄としてソクラテスがいる、と言っている(九七B一八—二二)。そして、その英雄であるゆえんは「この世の幸運や不運に超然たること」としている。『ソクラテスの弁明』の中で(二九C—三〇C)ソクラテス自身が語っているように、かれは、善や正義の探究を神から課せられた自分の天職であると信じ、そのために、金銭、名誉、地位、その他のいわゆるこの世の満足をことごとく放棄して、哲学的対話に一生を捧げた。ソクラテスにおいて、自己が献身すべき理想、建立すべき記念碑は、善の探究という内面的行為へと変貌し、それにともなって、英雄の英雄である所以も地上的禍福に眉一つ動かさぬ魂の偉大さへと深化したのであった。

6 オデュッセウスという男

存在欲求の権化の成立

ホメロスの描いた代表的英雄はアキレウスとオデュッセウスである。前者は『イリアス』の主人公であり、後者は『オデュッセイア』の主人公である。これら二つの作品はともにホメロスに帰せられているが、両作品の雰囲気は非常に異なっている。すなわち、『イリアス』は死すべき人間の有限性と悲劇性を描くことに集中する正真正銘の悲劇であり、全巻がアキレウスとヘクトールの決闘という頂点へ向かって上昇してゆく物語である。これに対し、『オデュッセイア』は出陣中の夫の帰国を二〇年間も待ち続ける貞淑な妻を語り、夫の留守中に、オデュッセウスの宮殿を食い荒らしたイタカの貴族たちへの帰国したオデュッセウスの復讐の物語である。しかし、これは『オデュッセイア』の枠組みとしての物語である。この作品は、「緊迫」というよりは「ゆとり」の雰囲気をもち、時間的には行きつ戻りつしながら、楽しみのために、化け物や魔女たちのお伽噺を挿入する。そして、このようなさまざまなエピソードを貫いて、オデュッセウスという新しいタイプの人間を描くことがこの作品の眼目なのである。オデュッセウスとは、恐ろしい運命に遭遇するたびに、勇気と忍耐と知恵と狡猾さによって、すなわち、豪胆な合理性を武器に、運命と戦い、活路を発見してゆく謂わば近代的な人間の原型である。かれにとっては、板子一枚に噛り付いてでも生き抜くことが至上命令である。そのためには、なんでもする。ときには、非情残酷にもなる。名誉を至上価値として、そのためには命を鴻毛《こうもう》よりも軽く見て悲劇へと突進するアキレウスやヘクトールとは、まるで異なるタイプの人間である。

そこから、これほど異なった人間観を表す両作品は、異なった作者の手になるのではないか、との推測もなされている。しかし、語り口や内容上の連続性もあり、また、その詩人的技倆《ぎりょう》の卓越性から言って、『オデュッセイア』は『イリアス』の作者より半世紀くらい後の極めて優秀な弟子筋の誰かの手になるもの、と考えるのが妥当だろう。

大航海冒険物語

ギリシア人は本来海も船も知らなかった。民族移動で内陸からエーゲ海へ進出してきたかれらは、先住民から海を渡ることを学んだが、最初は、エーゲ海から黒海の周辺を多数の島々を辿りながら行き来していただろう。しかし、やがて、西地中海方面へ乗り出して行く。すなわち、イタリア半島、シシリー島、サルディニア島、アフリカ北岸などであるが、そこは、大嵐の吹きすさぶ危険な海であり、魔物や人食いの住む未知の恐怖の世界であった。

オデュッセウスはトロイアから故郷のイタカへ帰るためには、ギリシア半島をぐるりと回らなければならない。半島の最南端にあるマレア岬にさしかかったところで大嵐に見舞われ、オデュッセウス一行は西海のシシリー、サルディニア、北アフリカの方へと流されてしまう。その辺りは、海峡で待ち伏せて水夫を奴隷として売り飛ばす海賊や人食い人種が住む恐ろしい海である。オデュッセウスの時代には、船とは追い風にしか帆を使えない一枚帆の船であり、逆風なら櫂を漕ぐしかない。食料や水を確保するために、ほとんど毎日上陸しなければならない。オデュッセウス一行は西方海路開拓の先駆者であり、それをお伽噺の世界に移して物語っているのである。

人食いのキュクロプス

オデュッセウス一行は、大嵐に襲われてシシリー島に漂着するが、そこは地上の楽園として描かれるパイエケス人の国である。オデュッセウスは身分を隠して上陸するが、国王アルキノオスはオデュッセウスを歓待して宴を催す。その宴の中で楽人がトロイ戦争を歌ったとき、オデュッセウスは己の苦難を想起して落涙し、正体を見破られてしまう。そこで、王はオデュッセウスに一部始終を語るように促し、そこから、物語は化け物と魔女と

図 3-5　ポリュフェーモスの目潰し　前670 年頃の壺絵，エレウシス出土

妖精の神話世界へと入ってゆく。

漂流中の或るとき、オデュッセウス一行はキュクロプス人の島に漂着する。キュクロプスとは一つ目の巨人で、人肉を食らうという評判の怪物である。水夫たちは、危ないからこの島への上陸を止めるよう、オデュッセウスに懇願するが、オデュッセウスはこの巨人がどういう人間か見たいという好奇心を抑えることができず、上陸するのである。怖いもの、危ないもの、不思議なもの、畏ろしいものの正体を是非見ようとする好奇心が、まず、オデュッセウスの基本的特徴である。

ポリュフェーモスという名のキュクロプスの留守中にかれの洞窟に入り込んだオデュッセウス一行は、夕刻まで愚図愚図している内に、帰宅した巨人によって洞窟に閉じ込められてしまう。それも、食料を盗んで早く船に帰ろう、と手下の水夫たちが忠告したにもかかわらず、オデュッセウスが是非巨人に会いたい、と思ったからであった。巨人は奇妙な小人が自分の洞窟に入り込んでいることに驚くが、最初の挨拶は、二人の水夫を取り上げて地面に叩きつけ手足を捥《も》いで食べることだった。満腹した巨人は満足して眠りについたが、洞窟の入り口は巨岩で蓋をされていて、オデュッセウス一行は逃げ出せない。どうして逃げ出そうか。オデュッセウスは知恵を絞り、手許にあるあらゆる道具を動員する。あの巨岩は、人間が何人かかっても動かせない。幸い、オデュッセウスはキコネス人から土産に貰った極上の葡萄酒をもっていた。次の日も、外出し帰宅したキュクロプスは、二人の水夫の脳漿《のうしょう》を潰し平らげた。そのとき、オデュッセウスは言葉巧みに極上の葡萄酒をキュクロプスに勧め、話しの最中に自分の名前を「誰でもない（outis）」と名乗り、遂にかれを泥酔させたのだ。キュクロプスが深い眠りに落ちたとき、すでに用意してあったオリーヴの木の先端を鋭く削った丸太を火にくべて、真っ赤に焼けたものを残りの水夫たちとともに力まかせにキュクロプスの一つ目に突っ込んだのである。

目を潰されたキュクロプスは、苦痛のあまり大声で叫んだ。その叫びを聞いて、周辺の洞窟にいた仲間のキュクロプスたちが集まってきた。「誰がお前を苦しめているのか」。この問いに、ポリュペーモスという名の当のキュクロプスは、「苦しめている者はウーティスだ（誰もいない）」と答える。それを聞いて、仲間のキュクロプスは、あの男は気が狂った、と言って、帰ってしまう。

盲目となったポリュペーモスは、翌朝、オデュッセウス一行を一人も逃すまいと洞窟の入り口に座り、放牧のために羊や山羊を一頭ずつ外へ出す。そのとき、オデュッセウス一行は、一人ずつ家畜の腹の下にぶら下がり、首尾よく洞窟を脱出したのであった。しかも、オデュッセウスは羊や山羊を盗んで食料として積んで船出した後、盲目のポリュペーモスに大声で実名を告げ、相手を嘲ることまで成し遂げる。

この有名なキュクロプスの物語は、オデュッセウスなる人物の特徴を実によく示している。かれの生きようとする飽くなき意欲、危ないものを見ようとする好奇心、危険に遭遇した際の豪胆さ、困難の解決を発見するときにすべてのものを利用する周到さ、オリーヴの棒や葡萄酒は勿論だが、もっとも強力な武器である言葉。これらのすべては、数学的と言えるような論理性と緻密さの下に連結して作動し、脱出の成功を成就させる。しかも、最後に相手を嘲るユーモアまでついている。

眼前に危険が現れると、それがどんなものであれ、オデュッセウスは行動にかかる前にじっと考える。かれの知恵は、たんなる狡猾さではない。それは、独特の完成に達した合理性だ、と言ってよいだろう。しかし、この合理性には残酷さというマイナス面も隠れている。すでに、このキュクロプス物語の中でも、四人の手下がキュクロプスの餌食になっている。

セイレンの歌声

キュクロプスの難を逃れた後、オデュッセウス一行はさまざまな冒険を経験するが、やがて最後に近くセイレンの島を通り過ぎる。セイレンとはすき透るような声で歌う魔女で、その声を聞いた者は万事を忘れ、ふらふらと島へ上陸し、永久に帰らぬ者となる。セイレンの周りにはうず高く白骨が堆積している。この島を通り過ぎるとき、オデュッセウスは手下の水夫たちの耳を蝋《ろう》で塞ぎ、自分自身は帆柱に体を縛り付けさせる。自分一人セイレンの声を聞こうというのだ。魔性の声を聞いたとき、オデュッセウスは縄を解けと手下に目配せするが、命じられていた通り、水夫たちはますます堅くオデュッセウスを縛り上げ、難を逃れるのである。

スキュッラとカリュブディスの淵

そして、最後に、スキュッラとカリュブディスの難所がある。これは、両岸に巨岩がそそり立つ狭い海峡で、一方の巨岩には足が十二本、頭が六つの怪物が住み、洞穴から首を出して、通り過ぎる舟人を摑みあげて餌食とする。他方の巨岩の下には日に三度ずつ海水を呑み込んでは吐き出す怪物が住み、これに呑み込まれたら何人も一巻の終わりである。しかし、この事情を知っているのは、女神キルケーからそのことを教えられたオデュッセウスただ一人なのである。

オデュッセウス一行は、この海峡を通るとき、カリュブディス側を通ることは万一の全滅の可能性の故にあまりに危険であるから、スキュッラ側を通る。だが、もし、そこに六頭の怪物が住んでいることを水夫たちが知っていたら、かれらはそこを通ることに同意しなかっただろう。オデュッセウスは水夫たちの不同意を恐れて黙っていたのだ。そして、六人の屈強の水夫がスキュッラの餌食となる間に、一行はこの海峡を乗り切ったのである。

この物語はあまりにも残酷であり、また、オデュッセウスという男の合理性の裏面とも言うべきエゴイズムを端的に表している。だが、同時に、キュクロプスの場合でも、スキュッラの場合でも、怪物の餌食となった部下たちを悼《いた》む心はあって、危機を脱すると、必ず犠牲となった仲間を偲んで嘆き悲しんでいる。

ナウシカ姫とアルキノオス王の宮殿

こういうわけで、オデュッセウスは非人間的な野蛮人というわけではない。むしろ、『イリアス』の世界よりは文明化された優雅さの漂う世界に生きる人間である。そのことをよく表すのが、パイエケス人の国の描写であり、その国の王アルキノオスの王女ナウシカとの出会いであろう。

オデュッセウスは、トロイアを発ってから七年間も女神カリュプソの島に引き止められていた。望郷の念止み難いオデュッセウスに対して、女神は「そなたの妻がどれほど美しくても、容姿、魅力の点で、女神の私に敵《かな》うはずはない」と引き止めるが、それでもオデュッセウスはこの魅惑の島を脱出する。ここには、女神の魅惑でも消せない、妻ペネロペイアへの思慕と望郷の念というオデュッセウスの人間らしさが現れている、と言えるだろう。

さて、カリュプソの島を脱出してから、さまざまな苦難の後、オデュッセウスはパイエケス人の国に漂着する。この国は、四季たわわに果物が実り、人々は歌と踊りと農耕と航海によって暮らす、武器のない、平和の桃源郷

図 3-7　若者の短距離走　宴会後に行われる運動競技会

図 3-6　宴会開始に先立つ神々への犠牲

である。かれらは、野蛮なキュクロプス人との闘争を嫌って、このシシリー島へと渡った平和を愛する人々なのである。この島の描写によって、『オデュッセイア』の作者は美と喜びのユートピアを描いた、と言ってよいだろう。

この国に漂着し、浜辺の繁みの中で眠っていたオデュッセウスは、女性たちの楽しげな叫び声によって目覚める。川べりで、王女ナウシカが侍女たちを連れて洗濯をしていたのである。何日も波浪に揉まれた姿のままのオデュッセウスの突然の出現に侍女たちは蜘蛛《くも》の子を散らすように逃げた。しかし、王女は一人泰然としてオデュッセウスに向き合う。王女の威厳と美しさを、かれはこう描いている。「お姫様、わたしはこうして跪《ひざまず》いています。あなたは、いずれかの神様か、それとも人間でいらっしゃるのでしょうか。……わたしはこれまで男女を問わず、これほど美しい方にお会いしたことがありません。……以前、デロス島で、アポロンの祭壇の傍らに生えている、あなたのお姿にも似たなつめ椰子の若木を見たことがありました。……その若木を見たわたしは、今と同じように長い間呆然としておりました。実際これほどの美しい木は、かつて地上に生えたことがないのですから」（『オデュッセイア』六の一四九―六七)。オデュッセウスはナウシカに懇願する。私は異国からの漂着者でこの国を知らない。どうか、町へ連れてゆき、私を故郷まで送り届けてくれるよう手配していただきたい。ナウシカは、自分は国王の娘であると告げ、万事取り計らってあげると約束する。

ここには、すでに異国の者、助けを求める者を歓待するのがゼウスの掟である、という倫理感が明確に語られていて、この国の人々が高い倫理性の下に生きていることが分かる。宮殿での、調度品、習慣、儀式、遊戯などは、この国が高度に文明化されていることを示している。

アルキノオス王は、オデュッセウスの帰国の船出を祝って、国中から主だった人々を集め、オデュッセウス歓送の宴を催す。山海の珍味と美酒に満ち足りたとき、歌人のデモドコスが呼ばれ、トロイ戦争が歌われる。それから、美しい若者たちの踊りが披露され、また、体力を競い合う競技会が開かれる。短距離走、レスリング、拳闘、円盤投げ、その他で、若者たちは青春の力と美を競い合う。酒と歌と踊りと競争。これが人生というものだ。総じて、ホメロスの世界の人々は、戦争をしているか、さもなければ、歌舞音曲の宴会をしているか、それとも、体力を競い合っているのである。ホメロスの英雄たちにとって、これらの中に人生の含蓄のすべてがある。

さて、オデュッセウスとは何者か。あくまでも生き延びて幸福を勝ち取ろうとする自己実現人間の原型である。幸福を勝ち取るためのオデュッセウスの武器は、不屈の忍耐力と知力である。その知力は、人間を深く知る知力、創意工夫の才能、千変万化の現実に適切に対応する実際的な知力、そして、優しさと冷徹さを兼ね備えた知力、と言うべきだろう。ギリシア人は、オデュッセウスという人物を創造することにより、人間の合理性に怖ろしい価値と信頼と、そして、ある種の疑念をも与えた、と言ってよいだろう。

第4章 ギリシア悲劇

1 ギリシア悲劇とは

デモクラシーの精神とギリシア悲劇

ギリシア悲劇を生みだしたのは、優れて民主主義的な社会であったアテナイである。アテナイ人は、その政治生活、社会生活において市民のあいだの平等を実現するために戦っていた。それは、既得の特権階級、独裁的な政治権力に対する、すべての市民の自由と平等のための戦いであり、いわば、正義のための戦いであった。この戦いの最後の時期に、ギリシア悲劇が成立する。ギリシア悲劇における人間の、あるいは、人生の意味の徹底的な追究は、それ故、デモクラシーを成立させた自由、批判、独立、寛容の精神と無関係ではないだろう。ペルシア戦争に勝ち、民主主義へと前進するアテナイの燃え上がるような文化的興隆が、人間の魂の奥底を徹底的に探求するギリシア悲劇成立の背後にあるエネルギーである、と言ってもよいだろう。

ギリシア悲劇の起源は明白ではない。ギリシア悲劇はアテナイで毎年春に行われる大ディオニュシア祭で上演されたのだが、このディオニュソスという神はギリシアの神々の中でも特殊な位置を占めている。ホメロスはこの神をほとんど無視している。この神はオリュムポスの神々のうちにも数えられていない。つまり、この神は小アジアからの外来の神なのであるが、葡萄酒と陶酔と狂乱と解放の神として民衆のあいだに広く受け入れられた。オリュムポスの神々が元来貴族社会の神々であったとすれば、この神は始めから民衆の神であった、と言ってよいだろう。この神の祭はギリシアの各地で行われていたのだが、ペイシストラトス（Peisistratos, BC c.600-527）がこの神（Dionysos Eleuthereus）の祭をアテナイに導入し、アクロポリスの南面に神殿と劇場を建設したのがギリシア悲劇成立の端緒である。

図 4-1　海を渡るディオニュソス　ローマ付近から出土した大盃の内面に描かれた絵，前 535 年頃

ギリシア各地の、あるいは、植民市の遺跡を訪ねれば明らかなように、どのポリスにも必ず劇場がある。つまり、劇場の成立ということがなにか非常にギリシア的な事柄であることが解るのである。そこでは、伝統的祭礼の一環として宗教劇が演ぜられたり、その他さまざまな演劇が上演されたが、アテナイで成立したギリシア悲劇はこれらとは別次元のものであった、と言ってよいだろう。すなわち、ギリシア悲劇は多くの伝統的な要素を含むにもかかわらず、本質的に悲劇作家の創作であり、その創作は革命的であった。そこにおいては、一介の個人である悲劇作家が、権力者、司祭、その他の権威をあまり顧慮せずに、人間の運命を吟味し、批判し、己の世

界観を述べたのである。

大ディオニュシア祭における競演

さて、大ディオニュシア祭の第一日目には、さまざまの宗教的祭礼や多彩な行列が行われ、第二日目には五つの喜劇が上演された。それから、三日間にわたる悲劇の上演がある。それの各一日は、競演する各劇作家に割り当てられ、かれらはその一日のために三つの悲劇を書いた。この上演は毎年くりかえされ、ペロポネソス戦争の間でさえ止むことがなかった。劇作家は、毎年毎年この一回の上演のために、新しい悲劇を書いたのである。国家の最高の役人（アルコン）が、競演すべき作家たちの選定をも含めて、この行事を取り仕切った。この上演のための莫大な費用は、一部は国庫が負担し、一部は富裕な階級のうちから選ばれた個人が負担した。

ところで、アリストテレスによれば、悲劇の構成要素のうちでもっとも重要なものは、もろもろの出来事の組立としての筋（ミュートス）である。なぜなら、悲劇とは、出来事のつながりとしての行為と人生を再現するものであり、人間が幸福であるか否かが定まるのは行為によってであるからである（『詩学』第六章一四五〇A一五―二〇）。このアリストテレスの言葉は、悲劇を一つの全体として、一つの物語として受け取るべきことを言っている。それは、悲劇が一つの思想の表白であるということに他ならない。

ギリシア悲劇は、通常はアテナイでのみ上演され、アテナイ人の独占物であった。アイスキュロス（Aischylos, BC 525–456）、ソフォクレス（Sophokles, BC c496–406）、エウリピデス（Euripides, BC c485–c406）の三人で約三〇〇の悲劇を書いたが、そのうちわずかに三三篇しか残っていない。その他にも一五〇余人の悲劇作家の名前が知られているが、かれらのうちでその作品が完全な形で残っている者は一人もいない。年月によるこの淘汰は、もっとも優れた作品のみをわれわれに手渡した、と考えてよいだろう。前四世紀の中頃からは、新しい悲劇の創作力が衰え、古い悲劇の上演の反復が習慣になってきた。ディオニュソス風芸術家の旅回り芸人がギリシア人の文化生活の一局面になり、「今日では、詩人よりも芸人の方が重きをなしている」とアリストテレスが嘆いている(『弁論術』第三巻一四〇三B三三—四)。明らかに、紀元前五世紀のアテナイは、ギリシア悲劇の成立と繁栄に未曽有の状況を提供したのであった。

2　アイスキュロス——正義を求めての戦い

『縛られたプロメテウス』

プロメテウスとは、新しい神であるゼウスと戦って敗れた、古い世代の神々、すなわち、巨人族(ティーターン)の一人である。このプロメテウスは、古い神話によれば、人間の惨めな状態を憐れに思い、神々のもとから火を盗んで人間に与え、これによって人間は技術と文明を発達させることができた、と言われている。しかし、人間に対するこの善行の故に、プロメテウスはゼウスに罰せられる。アイスキュロスはこの神話を取り上げ、正義はどこにあるのか、と問いかける。万物を支配する全能のゼウスはその絶対権力の故に正義なのか、それとも、人間愛によって神々のもとから火を盗むという罪を犯したプロメテウスの側に、まさにその行為の故に正義はあるのか。アイスキュロスは正義の神ゼウスを信ずるきわめて敬虔な人物であったから、この神話の提起する問題はかれに非常な苦しみを与えたに違いない。そして、この悲劇において、アイスキュロスは徹底的にプロメテウスの側に立ち、ゼウスのいや増す処罰の脅迫にも屈せずに己の行為の正しさを固執し続けるプロメテウスを描いている。つまり、アイスキュロスは、正しさは権威によってではなく行為によって根拠づけられる、と言っているのであり、この思想をプロメテウスの飽くなき反抗として物語ったのだ、と理解してよいだろう。それでは、徹底的に残酷な独裁者（tyrannos）として描かれたゼウスはどうなるのか。悲劇が基本的に三部作であることについては既に述べたが、この悲劇の場合もそうで、『縛られたプロメテウス』には『解放されたプロメテウス』

図 4-2　アイスキュロス

という作品が続いていた、と推定されている。この作品において、ゼウスは己の非を自覚し、プロメテウスも己の強情を詫びて、両者の間に和解が成立し、プロメテウスが鎖から解かれる、という成り行きが語られたであろう。だが、この悲劇が全体として語っていることはなんであろうか。それは、残忍な独裁者ゼウスが正義の神へ変身するという、神の進化という思想である、と言ってよいだろう。ホメロスの神々が非倫理的な自然の力であることについては、すでに前章で述べたが、この神々を神の名にふさわしい倫理的な存在へと精錬する努力は、クセノファネスの擬人的神観の批判からプラトンの神学へと続く一連の哲学的思索によって遂行されたのだが、アイスキュロスのこの悲劇もその努力の一環として理解することができるだろう。では、以下、この悲劇の具体的な内容に少し触れておこう。

独裁者ゼウス

この悲劇は筋の展開というものがまったくない、いわば対話だけの作品である。すなわち、スキュティアの岩山に鎖で縛り付けられたプロメテウスに、最初はゼウスの息子クラトス（力）とヘーパイストス、それからオーケアノスの娘たち、次にオーケアノスその人、さらにゼウスのよこしまな欲望のために正妻へーレーの嫉妬を浴びて牛に変身させられ虻に追い立てられてさ迷うイーオー、最後にゼウスの伝令ヘルメスが現れ、かれらとプロメテウスとの間に次々に交わされる対話がこの悲劇の内容なのである。まず、へーパイストスとクラトスは、プロメテウスが人の声も聞こえぬこの孤独な岩山で身動きもできずに縛り付けられるのは、人間どもに不相応な恵みを与えたための、罰であること、プロメテウスがどれほどの知恵者であってもゼウスの力には決して敵《かな》わぬことを悟るべきだ、と語る。これに対し、プロメテウスは、この苦しみは予期していたものであること、千年でも万年でも心身ともに苛まれ続けても、自分はゼウスへの反抗を止めない、と宣言する。そのとき、どこからか優しく軽やかな羽音が聞こえ、海の奥深い洞窟からオーケアノスの娘たちが慰めにやってくる。かの女らは海底からプロメテウスの苦しみのうめき声を聞き、同情にかられて駆けつけたのである。しかし、かの女らの優しさはプロメテウスの苦しみに対してなにもできない。それから、父親のオーケアノスが現れる。かれはティータン族の一人としてプロメテウスの側に立つ者であり、なぜこのような苦しみを受けているのか、話してみよ、と言う。一部始終を聞いて、オーケアノスは言う。「プロメテウスよ、お前がどれほどの知恵者でも、私はお前に忠告したい。自分自身を知れ。新しい流儀に適応せよ。なぜなら、ゼウスは神々のうちでも新しい独裁者であるからだ。……私はこれからオリュムポスへ行ってお前をこの苦しみから救えるかどうか、試みてみよう。だから、お前は静かにして、暴言を吐くでないぞ」(三〇七―二七)。このオーケアノスの忠告は、年長者のものらしく、若気のいたりのような主義主張は捨てて、世の権力者に従え、それが身の保全の道というものだ、という内容である。

理性の化身プロメテウス

もちろん、プロメテウスはオーケアノスの仲介を断り、自分が人間に為した善行を次のように述べる。人間ははじめは愚かであったが、私が知恵と思慮を授けたのだ。家造りの術も、星辰《せいしん》の昇り沈みを見きわめる方法も、数も、文字を書くことも、野生の獣を軛《くびき》につないで使役することも、病苦をやわらげる薬石の調合も、一言で言えば、人間のもつ諸々の技術（technai）はすべてこのプロメテウスが授けたものなのだ、と（四三六―五〇六）。では、プロメテウスとはいったい何者なのか。この名前は、ギリシア語で、字義通りには、「あらかじめ見る者、先を見る者（pro-mêtheomai）」という意味の言葉である。すなわち、プロメテウスとは人間理性の化身に他ならない。だから、この神話の半分は、理性が人間に技術と思慮を与え、それによって人間は惨めな野蛮状態から脱出した、と言っているのである。しかし、理性のこの自己主張をゼウスが処罰したという神話の後の半分は、現代から見れば、（科学技術の過信を戒めるというような）なにか深い意味を蔵しているかもしれないが、理性の興隆期にあったアイスキュロスにとっては許し難い不正義以外のなにものでもなかった。

それから、悲しくも哀れなイーオーがやってくる。かの女もまたゼウスのよこしまな欲望の被害者としてプロメテウスと同じ状況にある者であり、それだから、イーオーの深い嘆きとプロメテウスの激しい憤激は、共鳴してゼウスを弾劾するのである。こうして、この悲劇は全体として、独裁者ゼウスの批判という形の下に、正義への深い要請を表している、と言ってよいだろう。

オレステイア三部作

オレステイア三部作とは、『アガメムノン』『供養する女たち』『恵みの女神たち』の三部作のことである。これは、完全な形で現存する三部作の悲劇で、全体として、アルゴス王家の血まみれの家系とその意味を取り扱っている。この悲劇においても、要所要所で神々が介入し、アトレウス家の滅亡へと運命の糸を引くのであるが、しかし、別の眼で見れば、この運命の働きは人間の憎悪激情の働き以外のなにものでもない。

血まみれのアトレウス王家

第一作『アガメムノン』は、夫を憎悪するクリュタイムネストラによるアガメムノンの殺害を取り扱っている。この殺害には、起こるべくして起こったと言える因果の鎖がある。まず、アガメムノンは親族殺しの家系の一族であり、その背にアトレウス王家で犯された罪の全体がのしかかっている、と言ってよいだろう。アガメムノンの父アトレウスは弟テュエステスと王位を争っていたが、仲直りを口実に饗宴を設け、そこでテュエステスの子供たちの肉をそれと知らぬ父親に食べさせたのであった。この凶行は、後に、テュエステスの息子アイギストスがアガメムノンの妻クリュタイムネストラの情夫となり、協力してアガメムノンを殺害する遠因となっている。人生の重く確実な法則。それは、われわれがある家系や共同体に属することにより、その家系や共同体の犯した罪に連帯しているということである。日本人である以上、南京虐殺や従軍慰安婦に無関係であるとは言えない。これらの凶行に由来する因果の鎖はわれわれ自身の頭の上に落ちかからねばならない。この意味で、他者とともに生きているわれわれは、他者の犯した罪の共犯者である、とさえ言わなければならない。こうして、父アトレウスの犯した罪は、子アガメムノンの頭上に落ちたのであった。

イフィゲニエの生贄

図 4-3　ミュケーナイ城の獅子門

だが、さらに、アガメムノン自身が先祖の罪に加えてもっとも重い罪を犯したのであった。それは、自分自身の娘イフィゲニエの殺害である。トロイアへ船出しようとして逆風に悩まされていたアガメムノンは、神託に伺いを立てたのだが、もしも娘を生贄に捧げれば逆風は収まるだろう、との答を得たのであった。この答はもしかすれば神々がアガメムノンに与えた救済の可能性の一つであったのかもしれない。なぜなら、もしもこのときアガメムノンがトロイア遠征を諦めたならば、娘殺しの凶行を犯さずに済んだのだし、このイフィゲニエの殺害こそがクリュタイムネストラの胸底に永遠に消えぬ夫への憎悪を灯《とも》した元であったからだ。その上、トロイア遠征とはあまりにも不条理な、いわば無意味な戦いではないか。一人の不倫の美女を取り戻すために、多くの兵士の血が流されるとは。これらの兵士の苦しみがクリュタイムネストラの憎悪と合体して、アガメムノンに襲いかかる。クリュタイムネストラはすでにトロイア派遣軍と密接な連絡をとっていて、夫の凱旋の正確な日時を知っており、宮廷の全体がアガメムノン殺しのための周到な準備を整えていた、と言ってよいだろう。こうして、意気揚々と凱旋したアガメムノンは、風呂場で全裸の姿で妻クリュタイムネストラにより殺されたのである。また、アガメムノンがトロイアから妾として連れてきたトロイア王プリアモスの娘カッサンドラもまた——かの女は予言の能力をもつ女で、すでに幻のうちにアガメムノンの暗殺とかの女自身の死を見ていたのであるが——クリュタイムネストラの憎悪を浴びて殺されたのであった。

オレステスとエレクトラの母親殺し

『アガメムノン』に続く『供養する女たち』は復讐の悲劇である。クリュタイムネストラとアイギストスは王位を簒奪してアルゴスを治めている。アガメムノンの息子オレステスは、昔の友人に預ってもらうという名目の下に、国外追放に処せられている。その姉のエレクトラは下女として実の母に苛まれている。エレクトラは母を憎み、父の復讐を固く心に誓っているが、か細い女の腕ではなにもできない。かの女は孤独に耐えて弟オレステスの帰国をひたすら待ち望み、父の墓参りを欠かさない。その父の墓前で密かに帰国したオレステスに再会し、二人は協力して母クリュタイムネストラとその情夫アイギストスを殺す、というのがこの悲劇の筋である。

復讐の女神エリーニュス

オレステスは、正義の名の下に、父の復讐をせよ、とアポロンから命令されていた。すなわち、オレステスの母殺しは復讐という意味での正義の要求なのであった。オレステスはクリュタイムネストラとアイギストスの屍をミュケーナイの人々に示し、これはかれら自身の悪行の末路であると言って、自分自身の行為を正当化しようとする。ミュケーナイの人々もオレステスの正しさを是認しようとするのだが、しかし、人は母殺しを犯してそのまま無垢でありうるのか。突然、オレステスの前に目から血を滴《したた》らせた復讐の犬ども、ゴルゴンのように恐ろしく醜い女神エリーニュスたちの大群が現れる。しかし、かの女らはミュケーナイの人々の目には見えない。こうして、オレステスはエリーニュスたちに昼も夜も責め苛まれる身となる。無限に増幅する罪と復讐の歯車にどうしたら終止符を打つことができるのか。

民衆の法廷による正義の確立

第三部『恵みの女神たち』が、この果てしない凶行の連鎖にアイスキュロスが与えた解決である。エリーニュスに追われ追われてやつれ果てたオレステスは、アテナイのアクロポリスにある女神アテーネーの神殿に救いを求めて逃げ込む。アテーネーはオレステスの運命を決するために、アテナイの市民を判事とする法廷を開き、そこでオレステスが有罪か無罪かを決定しようとする。評決の結果は黒白同数となり、議長のアテーネーが白票を投ずることにより、オレステスは無罪となる。この結末には、二つの意味がこめられているであろう。一つは、赦しによる復讐の連鎖の終結である。ひとたび犯された凶行の惹起する因果の波は、どこかで無条件の赦しがなければ、決して終結しないであろう。オレステスの無罪放免とはこの意味での赦しなのである。同時に、この赦しがアテナイの法廷の判決によって与えられたという点に、第二の重要な意味がある。それは、正義の概念を民主制下のアテナイの法廷の判断に委ねたということであり、いわば神々の専決事項であった正義を人間の判断力の上に立て直した、ということを意味するであろう。ここには、正義をどのようにして基礎づけるかについてのアイスキュロスの基本思想が現れており、それは、人間の判断力への、あるいは、アテナイ民主制への大きな信頼であり、また、神々の世界と人間の世界との調和への信仰であった、と言ってよいだろう。

3　ソフォクレス——運命と諦念

悲劇的アイロニー

三大悲劇詩人、とくにソフォクレスの作品は、アイロニーに満ちている。これは、もちろん、作品構成上の技巧として、悲劇の苛烈さを観客に強く印象づけるためのもっとも有効な手段であっただろう。たとえば、アイスキュロスの『アガメムノン』では、トロイアから凱旋したばかりのアガメムノンにクリュタイムネストラは憎悪を裏返した阿諛《あゆ》を浴びせて殺害への罠を仕掛け、エウリピデスの『バッコスの女信徒たち』では、非理性的なディオニュソス宗教を弾圧しようとする国王クレオンの好奇心を利用してディオニュソスはクレオンの破滅を準備する。ソフォクレスの『エレクトラ』の終局にも、殺害に先だってフォキスからの使者に扮したオレステスがアイギストスを欺く同様の場面が見られるが、これらはいずれも、悲劇的犠牲者にとり幸運への印と思われた状況がまさに破滅への前触れに他ならないという戦慄すべきコントラストによって、観客を呻《うめ》かせたにちがいない。アイギストスは、「クリュタイムネストラはあなたのお側においでです」というオレステスの言葉を聞いて安心し、戦車競技で落命したと伝えられるオレステスの屍を見ようと、死せる不義の妻へ近づく。たしかに、このような悲劇的結末は、それがある状況に対する犠牲者の錯覚から生起するため、はなはだアイロニカルであると言える。しかし、これらのアイロニーの元を質すと、犠牲者の錯覚はいずれもある意図的瞞着《まんちゃく》により引き起こされるため、そのアイロニーも多分に人為的であり、したがって、それだけではアイロニーと悲劇との本質的連関を納得するのに未だ充分ではない。

図 4-4　ソフォクレス　前220年頃の作品のローマ時代の複製

ソフォクレスは以上のような人為的なアイロニーをその全作品の中で縦横に駆使した。『フィロクテテス』におけるネオプトレモスとフィロクテテスとの対話はその全体がこのようなアイロニーであると言ってよいし、『エレクトラ』はピュティア競技におけるオレステスの落命という虚構を事件の土台とする点で人為的なアイロニーそのものである。しかし、ソフォクレスの描くアイロニーは、実はもっと根深いもので、これらの技巧にその本質があったわけではない。

人間の意図が逆の結果を生むというアイロニー

たとえば、『トラキスの女たち』では、さまざまな難行の後に、ヘラクレスに約束されていた安らぎとは死に他ならない。しかも、どのような怪物にも屈したことのない英雄がか細い一人の女によって滅び、この破局も妻デイアネイラがヘラクレスを熱愛したためであった。ここには当事者の間になんらの意図的欺瞞もない。むしろ、妻の誠意と愛情が夫に死をもたらしたのである。このようなアイロニーは、人間の意図的な努力が、思いがけない結果、それどころか、むしろまったく逆の結果を生み出してくるという点で、先に述べた人為的なアイロニーよりもいっそう際だったコントラストと戦慄とを与え、その避け難い必然性の故にまさに悲劇的なアイロニーである、と言うことができる。ソフォクレスの悲劇は、思想的根底から見れば、実はこのようなアイロニーに満ちており、以下で取り上げる『オイディプス王』は、この点をきわめて緊密な構成の下に描き出す作品として、ソフォクレス的人間像の典型を示すものに他ならない。

アイロニーの化身オイディプス

『オイディプス王』は全篇がアイロニーそのものである。たとえば、序幕において疫病に喘ぐテーバイの市民らに救い主として現れるオイディプスが、「みなが苦しんでいることはわしもよく承知している。しかし、おまえたちがどれほど苦しもうと、わしほど苦しむ者はおまえたちのうちにはいない」（五九―六一）と言うとき、かれは国王の重責を吐露している積もりなのである。また、殺された前王ライオスの下手人の捜査に全力を尽くすことを誓い、「禍《まが》き不幸の人生がその男を磨り潰すように。万一わが家の中にその男がいたならば……これらの呪いはこの身にかかれ」（二四八—五一）と呪うとき、かれは不可能事を仮定することにより救国の熱情の真摯さを披瀝しているのである。このように、語っている当人の意図を逆転したところに真の意味を秘める二重構造の台詞は、拾いだせば際限がないほど全篇に撒きちらされているが、このアイロニカルな状況は、単に言葉においてだけではなく、むしろ、オイディプスの生そのものにおいてより明確にかつ苛酷に現れてくるのである。すなわち、テーバイの国王ライオスは、「わが子により殺さるべし」との神託を受け、生まれたばかりのオイディプスを野獣の餌食にすべく山中に捨てたのだが、隣国コリントスの情け深い羊飼いがたまたま捨て子の命令を受けたテーバイの羊飼いに出会って赤子を譲り受け、これを子のないコリントス王に献上したことが、事件の発端であった。コリントス王の王子として育てられたオイディプスは、やがて酒席で、「あいつは素性の怪しい奴だ」という嘲笑を受け、それをきっかけに自己の素性に疑問を抱きデルフォイの神託所に赴くが、そこで「父を殺し、母を犯すべし」との神託を受ける。驚いたオイディプスは、そのような天人ともに許さざる背徳の行為を避けるべく、コリントスを捨てて隣国テーバイへ逃げようとする。その途上、国境の峠で傲慢な老人をめぐる一団に会い、その老人を殺すが、それが国外旅行に出ようとしていた実の父親テーバイ王ライオスであったのだ。それから、かれはスフィンクスに悩まされていたテーバイに入り、化け物を退治してライオス亡き後空位となっていた王位に推されるが、これによりオイディプスは実の母イオカステの夫となったのである。こうして、神託実現を避けようとするあらゆる努力が着々と神託を実現していった。

犯人が犯人を捜索する

これらのすべてをオイディプスは知らずして行ったのだが、『オイディプス王』という悲劇は自己を潔白で明敏な国王であると信じていたオイディプスがこの自己の破廉恥な真実を発見してゆくプロセスを描くものである。そして、このプロセスもまたすべてがアイロニーである。すなわち、オイディプスはまず救国の方途をデルフォイの神託に求めたが、「ライオスの下手人を発見し、その者を処罰せよ。その者がこの国を襲っている災いの源である」との答えを得る。オイディプスは神々と人々の前で犯人発見の努力を誓うが、ここには、ライオスの下手人がライオスの下手人の捜査に努力する、という構造がある。オイディプスのあらゆる錯覚が次々に崩されてゆく捜査の果てに、コリントス王崩御の報知を携えたコリントスからの使者がやって来る。この使者こそオイディプスから神託実現の可能性を奪う幸いの使者ではないか。だが、そうではなかった。この者こそ、その昔、キタイロンの山峡で捨て子のオイディプスを拾ったあの老羊飼いであったのである。つまり、オイディプスがコリントス王の実子ではないことを知っている唯一の者であったのである。こうして、すべてのオイディプスの意図的努力は逆転的に現実化され、オイディプスは自己の破滅的な真実を知ったのであった。

図 4-5　デルフォイ，アポロン神殿の廃墟

主観的憶見（ドクサ）によって生きる人間

それでは、このようなアイロニーの充満、際限もなく現れるアイロニーのパレードは、いったいどこにその真の原因をもつのであろうか。それは、オイディプスという人間自身がアイロニカルである、という点にある。オイディプスという人間が、明敏な国王であると同時に盲目の流人であり、正義の守り手であると同時に罪業の化身であり、民衆の救い主であると同時にその災いの源だからである。オイディプスの思い込みが創り出す主観的世界とかれの行為が創り出す客観的世界との間には自己矛盾的な反面性があり、このズレがかれのすべての振舞いをアイロニーにしているのである。大袈裟に言えば、人間はすべて自分の創り出した妄想（ドクサ）の世界の中で生きているのである。

二重構造の世界

オイディプスの没落を目のあたりに見て合唱隊を成すテーバイの長老たちはこう歌う。「いったい誰が、どんな人が、幸福をかちとりうるのであろうか。人間の幸福は〈想い込み（dokein）〉にすぎず、その想い込みさえ亡びてしまうのだから」（一一八九―九二）。長老たちがここで悼《いた》むのは、オイディプスほどの人においても、幸福がドクサ（想い、幻想、妄想）にすぎなかった、という点である。なぜなら、オイディプスはスフィンクスを撃ち滅ぼしテーバイの国を死の絶望から救った知者ではなかったか。一介の旅人から王位へと駆け登った幸運の寵児ではなかったか。苦境を乗りこえて成功の絶頂に立った努力の人ではなかったか。しかるに、それらのすべては仮象にすぎなかったのだ。よく言われるソフォクレスの世界の二重構造とは、我執に溺れる人間の構築した主観的想念の世界とその人間を実在的に、しかも密かに、動かしている真実の世界との二重構造であり、悲劇とは想念が真実の圧力に粉砕された姿ということができる。

不可避の破滅

しかし、この悲劇の恐ろしさは、オイディプスの破滅が不可避である、という点にある。オイディプスは過ちを犯したために破滅したのではない。まず、オイディプスの悲劇は罪に対する罰ではない。ソフォクレス自身が『コロノスのオイディプス』で幾度も強調するように、オイディプスにはなんの罪もない。かれは、父親とは知らずに、しかも正当防衛のために、老人を殺したのであり、このような場合には法的に無罪であることがドラコンの法などにより確立されている。また、かれの近親相姦もまったく知らずして行われた以上、法的にも倫理的にも罪せられるべきところがない。いや、罪どころではない。オイディプスがこのような事件を巻き起こすのは、かれがまさにこのような事件を避けようとしたためであり、したがって、かれが道徳的に優れた人間であったからだ、と説く研究者までいるほどなのである。要するに、オイディプスには、倫理的にも、知性的にも、性格的にも、没落すべき理由がない。オイディプスにはなんの咎もなかった。

神々の謀りごと

だが、それならば、オイディプスが悲惨でない、とでも言うのか。そうではない。潔白であろうがなかろうが、責めをもとうがもつまいが、オイディプスは父親を殺し、母親を犯して、地獄へ落ちたのである。このわれわれの心情を逆撫でる悲劇の真の原因、理由なくオイディプスを悲惨へ蹴落としたもの、それをホメロスは神と言う。「神々の陰鬱な謀りごとにより、オイディプスは苦しみを負い、テーバイを治めることになった」（『オデュッセイア』第一一巻二七五―六)。いや、オイディプス自身がこう叫ぶ。「友よ、アポロンだ、アポロンなのだ。災いの災いを、私のこの苦しみを作り上げたのは」(一三二九―三〇)。だが、この神とはいったいなにか。それは、オイディプスの場合には、かれの行為が引き起こした全連鎖反応であり、かれが行為した場の致命的な縺《もつ》れに他ならない。アポロンやアテーネーは、ソフォクレスにとっては、実在の世界を集中的に表現するシンボルであり、その内容は人生そのものであったと言ってよい。人間は己の知を頼りに行為する存在者であるが、その知は狭く暗い。したがって、自分が人生へ投げ込んだ波紋の行く手を見透すことができない。人間の行為が思わざる致命的結果となって自分自身に跳ね返ることは、人間が全知全能でない以上必然なのである。したがって、観念によって実在を規定しようとするあらゆる試みは、必ず観念自体の挫折を招くであろう。逆の現実が現れるであろう。しかし、人間は観念によって生きているのである。挫折を逃れることはできない。オイディプスに咎ありとすれば、それはかれが人間であったということである。

諦念(運命愛)

こうして、『オイディプス王』に続く『コロノスのオイディプス』の世界が開ける。永い年月の間、娘でありかつ妹であるアンチゴネーに手を引かれてさすらい暮らしたオイディプスは、「数々の苦しみと永い歳月と高貴な心が、私に愛することを教えた」(七―八)と言って、再びわれわれの前に現れる。ここに「愛する」と訳した“stergein”というギリシア語は、もう一つの大きな意味として「満足する」「同意する」という意味をもつ。つまり、オイディプスはその身に降りかかったすべてに同意したのである。かれはすでに「己の運命の印」を自覚している。善とか悪とかいう倫理的評価も、成功とか失敗とかいう世俗的評価も、オイディプスにとってはもははや人間のつくりあげた泡沫にすぎない。オイディプスにとっては、ただ「あることがある」だけである。「運命と戦わぬようにしよう」(一九一)、「神々が導くとき、それを逃れうる人間を見ることはできない」(二五二―三)。このような態度の逆転とともに、神々はオイディプスの道を正し(三九四)、オイディプスを聖とし(二八七)、盲目のオイディプスをして誰よりも見える者とする(四七)。オイディプスの周囲には月桂樹、橄欖《かんらん》、葡萄が生い茂り、鶯が群れ遊んで玲瓏《れいろう》と歌う。オイディプスが我執を棄てると同時に、実在は己を開きオイディプスを受け入れたのである。

4 エウリピデス――理性と非合理の葛藤

エウリピデスは、アイスキュロスやソフォクレスに比べると、われわれ近代人に近い。アイスキュロスは伝統的な神々を固く信じ、ゼウスの正義をどこまでも考究し彫琢《ちょうたく》した人である。ソフォクレスは運命の圧倒的な力に為すすべもなく翻弄される人間を描き、諦念もしくは運命愛を究極の境地として説いた人である。両者はともにアルカイクな人間だ、と言えるだろう。これに対し、エウリピデスは単純に性格づけられない複雑な人間である。知的な面では、ソフィストと同時代人であり、政治的にはペロポネソス戦争の中を生き、前四〇八年にアテナイを離れ、数年後マケドニアの宮廷で死んだ人である。この経歴に相応しく、かれの中には、啓蒙思想への傾斜があり、反戦的姿勢や神々への懐疑が見られ、また、奴隷制、女性の地位、人間の平等などについての問題提起がある。しかし、同時に、人間のうちにある非合理的なものの力、宗教的なものの力、衝動、情念、偶然などの力、の恐ろしさを強烈に描いている。つまり、エウリピデスは理性的なものと非理性的なものとの両極に分裂した人間を描いているのであり、それは、かれ自身がそのように分裂した人間であり、生涯この分裂に苦しめられ、解決なきままに救いの見えない人生を終えたからであろう。かれは、人間のうちに、深い優しさ、繊細さ、愛を見ているが、同時に、恐ろしい残虐さ、暴力性、衝動性をも見ている。人間自身が、自分自身のうちに悲劇的破滅への爆薬を抱えているのである。エウリピデスにおいては、悲劇は外から人間を襲うのではなく、人間自身の内部から爆発するのである。

『バッコスの信女』

この悲劇は、エウリピデスの最晩年（前四〇五年）に上演された、いわばエウリピデスの最後の人生観もしくは世界観を表している作品である。それは、神とはなにか、という問題に関わっている。この問題はエウリピデスの一生を苦しめ続けた問題であり、かれは、あるときは、神を信じるかと思えば、他のときには、神を理性者の立場から冒涜する。『バッコスの信女』において、エウリピデスは、この対立する両方の立場を代表する人物群を創造し、かれ自身を苦しめていた分裂する諸力を解放した、と言えるであろう。

図 4-6　エウリピデス

ディオニュソスとは何者か

ディオニュソスという神は、もともとはギリシア伝来のオリュムポスの神々の中には入っておらず、アジアから到来した神である。この神は、葡萄と陶酔と生肉食と舞踏の神で、抑圧されていた人々、とりわけ、女たちの間に浸透し、森の中の饗宴で、かれらを日常の苦悩から解放し、喜びの

図 4-7　酒宴のディオニュソス　前 520 年頃の作品，イタリア，ヴルチ出土

世界へと連れ去った。テーバイの国王ペンテウスは、理性の民ギリシア人に相応しく、冷静と秩序を重んじる支配者で、このような狂乱の信仰がギリシアに侵入し、民衆を官能的享楽の中に惑溺させるのを苦々しく思い、なんとしてでもこの信仰の拡大を阻止せねばならない、と考えている。

合唱隊（コロス）はバッコス（ディオニュソスの別名）の信女たちから成るが、かの女らは自然の懐でこの神に身を委ねることの幸いを歌う。ディオニュソスと共にあれば、笑いと喜びがある。かの女らの歌は、欲望を謳歌する点でまったく異教的であるが、そこには、福音書の響きを想起させる言葉も見出される。「至福なるかな、幸運に恵まれ、神々の秘儀を知り、汚れなき生を送る者、おのが心を信徒たちと一つにして、神の息吹にふれ、神の力で浄化される者」（『バッコスの信女』七二―七）。

若返る二人の老人

二人の老人、テイレシアスとカドモスが登場する。テイレシアスはギリシア世界では古くから至る所に現れる偉大な預言者であり、カドモスはテーバイの国を建設したペンテウスの祖父である。かれらは、本来、知恵と良識と節度の模範であるべき人々であり、しかも、老人なのだ。しかるに、この老人二人が頭に冠をかぶり、信女の身なりをして、ディオニュソスの息吹を受け、若返って踊り歩く。理性と秩序の世界が動揺する。ペンテウスは、この老人二人の醜態に怒り心頭に発し、理性を取り戻せと叱りつけるが、かえって、「人間たちを苦しみから救う神」(二八〇)をお前は知らないのだ、と諭される。

山中での深夜の饗宴

キタイロンの山中では、深夜、ディオニュソスの祭典が行われている。信女たちは踊り狂い、動物を引き裂いて生肉を食らい、陶酔状態にある。ここは、女たちと獣たちが友愛で結ばれる無垢なる者たちの楽園であり、杖で大地を突けば葡萄酒が迸り、あるいは、乳が迸る。ディオニュソスは欲するがままに惜しみなく与え、また、奪う。ディオニュソスとは、おそらくは、自然の化身である。ペンテウスは山に進軍し、武力によって狂乱の女たちを制圧しようとするが、神のかけた罠にかかる。すなわち、女装して山に入り、女たちがなにをしているのか、密かに見たい、と考えたのだ。神はペンテウスの好奇心を利用して彼を破滅に誘い込む。「女たちよ、この男は罠にかかった。かれはバッコスの信女たちを見に行くだろう。そこで、かれは死んで罪を償うだろう」(八四七—八)。

山に入ったペンテウスは、女たちに発見されて八つ裂きにされ、実母のアガウエは息子の首を杖の先に突き刺して行進する。やがて、狂乱から目覚めたアガウエは自分が息子を殺したことを理解し、悔いるが、すべては遅すぎた(一三四五)。

エウリピデスの流血する傷口

『バッコスの信女』については、二つの理解が可能であろう。一つは、この作品を啓蒙的合理主義者エウリピデスによる宗教への批判的攻撃と見る理解である。もう一つは、まるで逆に、この作品を非合理的な力へのエウリピデスの屈服と見る理解である。おそらくは、両方とも正しい。エウリピデスは全登場人物であり、かれらが相互に戦い合う葛藤そのものである。この悲劇は、かれを切り裂くこの傷口からの流血の証である。

ペンテウスは理性的な人間である。かれは、自分が理性的に国を治めている、と思っている。だから、同じ仕方で世界を治める神なら、信じるだろう。神にも良識をもってもらわねばならない。深夜、山中で、女たちを踊り狂わせ、葡萄酒と生肉で饗宴を開くような神は、神ではない。

啓蒙的知性の神

ペンテウスはエウリピデスの一面を表している。エウリピデスの作品には、神話の神に対する不敬な懐疑が度々出てくる。たとえば、トロイ戦争は、女神アフロディーテーが美人コンテストの褒美としてトロイの王子パリスにヘレネを与えたことから始まる、という伝説を批判する。すなわち、トロイの皇后ヘカベーはヘレネを罵ってこう言うのである。「パリスを見て恋心に狂ったヘレネの心がアフロディーテーなのです。なぜなら、人間の愚行はみなアフロディーテーの故であるからです」（『トロイアの女たち』九八七―九）。勿論、われわれ二一世紀の人間にとっては、こんな神話は下意識の反映に決まっている。

そして、エウリピデスは時に哲学者の神を語っている。「おお、大地を支え、大地の上に坐を占めたもう神よ、汝が何者であろうとも、知るにいと難き者よ、ゼウスよ、汝が自然の必然の定め（anagkê physeos）であれ、死すべきものどもの想いであれ（nous brotôn）、私はあなたに祈ります」（『トロイアの女たち』八八四―六）。これは、ヘカベーの祈りであるが、神を「知るに難き者」、「自然の必然的秩序」、あるいは、もしかしたら、「人間の思念かもしれないなにか」と呼びかけている。ここまで、啓蒙化され、洗練された知性にとっては、神話の神々を素朴に信ずるということはありえないだろう。

非合理なものへの関心

しかるに、他方、同時に、ペンテウスはこの狂乱の宗教に興味をもち、そこにはなにかがあると信じ、神秘の方へと引き寄せられてゆく。ディオニュソスはペンテウスのこの好奇心を囮《おとり》にして、かれを破滅させるのである。

まず、『バッコスの信女』に現れる二人の老人、テイレシアスとカドモスは、信仰の素朴さを表しているだろう。テイレシアスは信仰を吟味せずに心の平安を受け取る炭焼きの信仰者であり、カドモスは祭儀に参加することだけで心の安らぎを得る形式主義者である。この二人は、老いて気力の衰えた知識人エウリピデスには羨ましい存在であったろう。しかし、かれらの蒙昧な平安は、衰えたとはいえ、人間の尊厳に関するエウリピデスの自尊心を満足させるものではない。

生命の源としてのディオニュソス

では、エウリピデスは非合理なものに関してなにを言いたいのか。この作品に現れる神ディオニュソスは、自然の、あるいは、生命の源としての神である。山、森、泉、獣、女たち、陶酔、乱舞、自由自在、自然のうちにあるすべてのものは、神である。信女はこれらと一体化する。踊る大地と生き物たちとの交感のうちに現れる神。人間（男）だけが自然から断絶して生きている。そこに人間の不幸のすべてがある。理性は自然としての神からの断絶であるかぎり、人間の本来の自己からの疎外であるだろう。この神は、われわれの生命の喜びでもあれば、苦しみでもある。この神は、時に、われわれをして自己を忘れさせ狂乱の渦に巻き込むから、理性と倫理によって制御されなければならない。しかし、この神を抑圧すれば、われわれはペンテウスのように八つ裂きにされ破滅するだろう。『バッコスの信女』という悲劇は、理性と生命の両極に分裂したエウリピデス自身を、そして、われわれ自身を、表しているのである。

『メーデイア』

良識（理性）と激情との相克を強烈に描く作品として、もう一つ『メーデイア』を取り上げてみよう。エウリピデスは、ソクラテスのように、あらゆる道徳的過誤は無知の結果である、とは考えていない。人間は、悪であることを知りながら、悪を犯すのである。「私は自分が犯そうとしている悪がどれほどのものか知っています（manthanô）。しかし、私の激情（thumos）は私の思慮よりも強いのです」（『メーデイア』一〇七八―九）。「わたしたちは、なにが善いか悪いか、知っています（gignôskomen）。しかし、それを為し遂げられません（ouk ekponoumen）」（『ヒッポリュトス』三八〇―一）。前の引用は、復讐心のあまり子殺しへと駆り立てられるメーデイアの呻きであり、後の引用は、横恋慕へと引きずり込まれる自分の心を制御できないパイドラーの嘆きである。

裏切られた愛

メーデイアはコルキスの王女であったが、金毛の羊皮を求めてコルキスに遠征して来たイアソンをさまざまな危機から救い、かれと結婚して、故国を捨て、はるばるギリシアまで来た女性である。しかるに、イアソンはかの女との間に二人の子供まで生《な》したのに、メーデイアを捨てて、コリントスの王女と結婚する。裏切られたメーデイアは、毎日泣き暮らすばかりだったが、しかし、かの女の目には不気味な光がともる。これを見て、コロスは歌う。「あの方は、お子たちまで憎んでおられて、顔を見るのも嫌というご様子。なにかよからぬことを考えていらっしゃるのではないか、気がかりでなりませぬ」（三六―八）。かの女を襲う運命は、かの女自身のうちで燃える憎悪の狂気である。「この気位の高い、気性の激しい魂は、災厄に噛みつかれて、一体なにを仕出かすのでしょうか」（一〇八―一〇）。コロスはコリントスの街の女たちである。メーデイアに同情はするが、外国人の女のために泥を被る気はない。エウリピデスは感傷的な道徳家の女たちを脇に添えて、メーデイアの怒りの巨大さを際立たせる。エウリピデスは、偉大な出来事とごく単純な日常茶飯事を平行させて、そのコントラストにより悲劇の彫を深くする。

「槍で戦う人々は、われわれ女たちを家で危険のない暮らしをしている、と言いますが、あの人たちの考えは間違っています。私は一度お産をするよりは、三度盾を手に戦場へ行く方がましだ」（二四八―五一）。「女は何事にも臆病で、戦いと剣を見ると恐れに満たされるのですが、一旦閨《ねや》の契りが犯されたとなると、これほど血まみれになる心（miaiphonôtera）はないのです」（二六三―六）。閨は女の戦場である。イアソンを助けるために人殺しまでして異国について来たのに、その閨を土足で踏み荒らされてしまっては、メーデイアの心の深淵はどす黒い血を噴き出さざるをえないだろう。メーデイアは復讐を決意する。一度に三人を殺そうとする。イアソンとその新妻とその父であるコリントス王クレオンである。どうして、か細い女が一人でこれらの強者たちを殺せるか。しかも、クレオンはメーデイアに即日国外退去を命令しているのだ。この女はなにを仕出かすか、分からないから。

冷血漢の正義

他方、イアソンは愛することを知らない冷酷なエゴイストである。かれはメーデイアに呼び出されてこう言う。なるほど、お前はコルキスで私を助けてくれた。恩に着ている。しかし、私はお前を蛮人の土地から正義の支配する文明国ギリシアへ連れてきて、豊かな生活を味わわせてやった。今回、私がコリントスの王女と結婚するのは、二人の子供たちにとってもよいことなのだ。かれらは由緒ある血筋の者とつながり、充分な教育を受けられるだろう。お前には、暮らしに困らぬ金を与えよう。そして、外国の有力者への推薦状を書いてやろう。イアソンという骨髄からのエゴイストの正義とは、こういうものである。

何者をも愛さないイアソンは不死身である。しかし、二人の子供への愛着がちらりと見える。そこに、イアソンに付け入る唯一の弱点がのぞく。そうだ。イアソンに打撃を与えるには、子供を殺すしかない。復讐の狂気に沸騰するメーデイアの心の中で、一瞬のうちに正確無比な殺人計画が出来上がる。

瞬く間に、かの女はかつての新妻のように優しい女になる。まず、自分の短慮を詫び、イアソンの賢い判断を褒め称え、この新しい結婚が皆にとって素晴らしい贈り物であることを寿《ことほ》ぎ、ついては、新しい妻となるコリントスの王女に贈り物を届けたい、と願い出る。この驚くべき変身に、始めは、イアソンは訝るが、そこは、メーデイアの方が人間の心の襞についてははるかに上だ。

国外退去まで、一日の猶予を得たメーデイアは、贈り物によってコリントスの王女と王を一挙に毒殺し、慌てふためいて処罰に駆けつけたイアソンの目の前で二人の子供を殺害する。

愛と憎悪に引き裂かれるメーデイア

メーデイアの心の中で、母性愛と復讐のダイモンが何度もぶつかり合う。――子供の笑顔がかの女の決心を鈍らせる。とてもできない。さっきの考えはもう止めよう。――いや、どうしたというのだ。なんの仕返しもせずに放っておいて。私としたことがなんという臆病者。――ああ、わが心よ、決して、決して、そんなことはしないで。惨めな心よ（ô talan）、この子たちを許しておやり。――どっちみちこの子らは死なねばならぬ。それが運命とあれば（epei de chrê）、生みの親のこのわたしが殺してやる。いずれにせよもう決まったこと（pantôs pepraktai）、逃れる途はもうないのだ（一〇四〇―六四）。愛が復讐のダイモンに克ちそうになる。だが、もう遅い。「万事休す」と思い込ませるのが、悪霊の常用の罠である。しかし、メーデイアは言う。「わたくしは、自分がどれほどの悪（hoia kaka）を犯そうとしているのか、分かっています（manthanô）。しかし、激情（thymos）はわたくしの思慮よりも強いのです。この激情こそが、死すべきものどもにとって、最大の悪の源（megistôn kakôn aitios）なのです」（一〇七八―八〇）。そうだ。激情が最大の悪の源だ。メーデイアの憎悪は裏切られた愛の形相である。子殺しを犯すメーデイアは怨霊である。しかし、われわれ自身が成りうる怨霊である。この憎悪、この復讐、この怨霊は、宇宙の本体の一部であり、これに巻き込まれるメーデイア、イアソン、コリントス王、その王女、その他の破滅を見ることにより、われわれもまた宇宙の真実の一部であることを悟り、その真実により浄められるのである（カタルシス）。

第5章 ソクラテス以前の哲学（一）——ミレトスを中心とする自然哲学の誕生

1 ミレトスの自然哲学

タレス

現在はトルコ領のエーゲ海沿岸地方には、紀元前八世紀頃から、ギリシア人の旺盛な植民活動によって多くのポリスが形成されてきたが、前六世紀には、これらの諸ポリスは外国貿易などにより大きな富を蓄え、文化的繁栄のさなかにあった。二一世紀の現在でも、われわれはこれらの諸ポリスの遺跡を見ることができるが、そこには数万人を収容しうる石造りの劇場があり、政治を議する会議場があり、祈りと犠牲を捧げる大神殿があった。エーゲ海特有の酷熱と紺碧の大空を背景に、これらの遺跡の中に立つとき、われわれは古代都市の殷賑《いんしん》とかれらのエネルギーを体感をもって想像できる。かれらは本当に二五〇〇年以前の人間であったのか。かれらはすでにわれわれの隣人ではないのか。

　哲学（philosophia――知を愛すること）は、これらの諸都市の一つミレトスで始まった。すなわち、タレス、アナクシマンドロス、アナクシメネスの三者の出現である。かれらは、ホメロスやヘシオドスに見られるような神話的表象を用いずに、万物の根源、不滅の実体を追究した。万物とは、世界の中にある多種多様な諸存在者であるが、それらは相互になんのつながりもなく無秩序に存在しているのではなく、唯一の、単純な、不滅の実体の変容として、そこから生成し、そこへと還帰するものである。ここに見られる不滅の実体の追究、複雑なものを単純なものへと還元する合理化的思考のうちに、哲学の誕生が告げられているのである。

図 5-1　ミレトスの劇場　前 6 世紀

　タレスは（Thalês, BC 6C）、万物は水である、と語ったらしい。この発言は、アリストテレスの説明によれば（『形而上学』第一巻第三章）、質料（素材、hylê, materia）という意味での原因の探求の発端を告げるものであった。タレスがそのように考えた理由としては、万物が生きており、したがって、生命にとって不可欠のものである水は、生命の源としての「活ける自然」の原理にふさわしい、という点にあったであろう。「活ける自然」については「万物は神々に満つ」という断片がタレスに帰せられている（アリストテレス『霊魂論』四一一Ａ八）。ミレトスの哲学者たちはみな、タレスと同様に、「魂をもつ活きた自然」を語っているが、このような考え方の人々を総称して「物活論者（hylozoist）」と言う。

アナクシマンドロス

「アナクシマンドロスはタレスの弟子にして継承者となり、もろもろの存在者の原理（archê）すなわち要素（stoicheion）は、無限なもの（apeiron）である、と言った」。これは、シムプリキオスという古代哲学に関する第一次資料を伝えてくれる哲学者の言葉であるが、この言葉から、アルケーという哲学史上決定的に重要な術語をアナクシマンドロス（Anaximandros, BC 6C）が初めて使ったらしいこと、また、かれの思索がタレスのそれを一歩超え出たものであったことが、解る。「一歩超え出た」とはどういう意味かと言えば、なるほどタレスは万物の根源としての究極的実体を求め始めはしたが、それを水とすることにより現象世界の特定の存在者を究極の実体としたのに対し、アナクシマンドロスは、究極的なものはあらゆる存在者を生み出すのであるからそれ自身が特定の存在者ではありえず、すなわち、水でも土でも空気でも火でもなく、そのような対立関係を超越した、無限定、無規定なもの、すなわち、「無限なもの（アペイロン）」でなければならない、と考えたからである。このアペイロンに関するアナクシマンドロスの唯一の真正断片は以下のような内容である。「存在するものは、それがそこから生じて来たそのもとへと、必然の定めに従って滅び去らねばならぬ。その犯した不正の故に、時の秩序に則り、互いに罪の償いをし合わねばならぬが故に」（断片一、H. Diels und W. Kranz, *Die Fragmente der Vorsokratiker*,〈以下、書名略、断片の訳は拙訳〉）。この世界は、熱と冷、乾と湿という物質とも性質ともつかない相反するものの不断の争いによって成立している。この場合、相反するものの一方が完全な勝利を収めることはなく、一方が優勢になって他方の領分を犯すことがあっても、必ず、時の秩序に則り、犯した不正の罰をうけ、余分な利得の返済をして、相互に償い合いをしなければならない。このようにして、コスモス全体においては、長い目で見れば、相反するものの間に勢力の均衡が保たれ、秩序が維持されているのである。昼夜の交代、四季の循環はこのような法則の存在を示すものである。

ところで、アペイロンとは、ギリシア語で「限り(peras)がない(a)」という意味であるが、アナクシマンドロスの場合、それは大体次のような内容であった、と考えられる。まず、それは時間的に始めも終わりもなく、その意味で無限である。アペイロンには、一般に神に与えられる「不生、不滅、神的」という形容詞も与えられているが、これらの形容詞はアペイロンの時間的無限性を意味しており、アペイロンが変身した神でもあることを示している。こうして、時間的に無限なアペイロンは、不断の生成消滅をくり返している。数限りない世界が生まれ、そして滅びる。すなわち、永劫に回帰する生成消滅の無限性という意味でも、アペイロンは無限である。しかし、それは量的に、あるいは、空間的に無限である必要はない。なぜなら、一つの世界が滅びれば、そこから新しい別の世界が生じてくるのであり、その循環が無限であれば、全体の量が有限であっても、少しも構わないからである。おそらく、アペイロンは巨大な量の球と考えられていたであろう。

ハイデガーのアナクシマンドロス解釈

ハイデガー(M. Heidegger, 1889–1976)は『森の道』という論文集の中に「アナクシマンドロスの言葉」という一章を設け、アナクシマンドロスの断片一を解釈しながら、存在に関するヨーロッパの思索の原初の姿をそこに確かめている。ハイデガーの考えるこの断片の真正の部分は以下の一行だけである。"kata to chreôn, didonai gar auta dikên kai tisin allêlois tês adikias." この断片の翻訳については、常識的な訳はすでに上に述べたが、ハイデガー自身の訳はあまりにも常識をかけ離れているので、到底日本語にはならない。そこで、以下、ハイデガーの解釈を解説しながら、かれのアナクシマンドロス理解の要点を述べることにしよう。この断片で"auta"と言われているものは、前行で述べられていた"eonta"すなわち存在者"Seiendes"で、つまり、この断片は存在者と存在"Sein"との関係についてのギリシア人の根源的経験を語るものに他ならない。ところで、存在者とはギリシア人にとっては、「現に目の前に現れ出ているもの（das gegenwärtig Anwesende）」である。したがって、「現前するもの」の「現前すること」が存在"einai"であり、それは「隠れなきこと（Unverborgenheit）」としての「真理（alêtheia）」のことである。つまり、ギリシア人にとっては、「存在する」とは「真理の明るみの中に立つ」ということなのである。

さて、しかし、「隠れなきこと」としての「真理」は、つねに「隠れてあること」としての「忘却（lêthê）」を伴っている。つまり、「現前するもの」としての「存在者」は、「隠れてあること」としての「忘却」から「隠れなきこと」としての「現前」へと到来し――それが「生成（genesis）」である――そして再び「隠れてあること」としての「忘却」へと退去して行くが――それが「消滅（phthora）」である――この生成と消滅の間に"zwischen"現前するものとしての存在者が現前（存在）するのである。つまり、存在者とは、「そのつど隠れなきことへと現前するもの（das-je-weilig-in-die-Unverborgenheit-Anwesende）」として、「間（Weile）」をもつのであり、その「間」が「存在する」ということなのである。だが「現前するもの」はひとたび現前すると、束の間（eine Weile）だけの現前では満足できず、永続的に持続しようとする（andauern,beharren）。これが、アナクシマンドロスの言う「不正（adikia）」であり、ハイデガーが「不当、混乱（aus der Fuge）」あるいは、「乱暴狼藉（Unfug）」と訳している事柄である。それは、存在者が自分自身に固執して、束の間の存在を己に割り当てられたものとして承認することを忘れることに他ならない。だが、現前するもの（存在者）にその現前（存在すること）を割り当てるものはなにか。それは、もちろん、存在であるが、この断片では"chreôn"と言われている。このギリシア語は、普通「必然」と訳されるが、ここでは根源の意味に遡って考えてみなければならない。この“chreôn”という語は、「用いる（chraomai）」という語から来て、さらに、この語は「手（cheir）」という語から来ている。すなわち、“to chreôn”とは「手渡す（aushändigen）もの」という意味なのである。つまり、存在は現前するものに現前することを手渡し、委ね、そのことによって現前するものの背後に隠れるのである。この「隠れること（Verborgenheit, lêthê）」が「隠れなきこと（Unverborgenheit, alêtheia）」の根源なのであるが、このことの忘却が存在忘却に他ならない。アナクシマンドロスの断片は、存在者の存在根拠としての存在が已を手渡すものとしての必然であることを語ると同時に、存在者と存在との区別の忘却としての存在忘却が人間の過ちのために起こるのではなくて、いわば存在そのものの贈り物としての「運命（Geschick）」でもある事情を語っているのである。ヨーロッパの哲学は、その初端においてすでに、存在者と存在を取り違える「形而上学」となるべく運命づけられていたのである。

アナクシメネス

アナクシメネス（Anaximenês, BC 585-c528）はアナクシマンドロスの弟子であるが、空気（aêr）という経験的、具体的な物質を根源的実体として立てることにより、実体に関して抽象的普遍性の段階に達していた師より一歩後退したと考えられている。しかし、かれが空気を実体としたことには理由があった。それは、空気が息であり、魂であり、生命の原理であったからである（ちなみに、ギリシア語、ラテン語で「魂」を意味する語、psychê, pneuma, anima, spiritus などは、みな「息」「風」などをも意味している）。万物が生きており、この大宇宙がそれ自体生命である、とかれらが考えていたことについては既に触れたが、そうであれば、万物の根源としては生命の原理がもっともふさわしいであろう（現代では、健康法としてヨーガが大流行であるが、これも、生命の源としての大宇宙の「気」に通じることを目指すものである。アナクシメネスの思想の現代版に他ならない）。さらに、アナクシメネスは空気の濃縮化と希薄化によって万物の相互転化を説明したが、これは事物の性質的差異を量的差異に還元しようとする合理的思考法の出現であり、この点でも一歩の前進が見られるのである。

2 ― クセノファネス

擬人的神観の破壊

クセノファネス（Xenophanês, BC 6C）はミレトスの北方六〇キロほどにあるコロフォン市の生まれであるが、前五四五年かれが二五歳の頃コロフォンが他のイオニア諸都市とともにペルシアに征服された際に故郷を捨て、以後は南イタリアを中心に放浪の生を送った。かれは主に神について思索し、ホメロスやヘシオドスなどの擬人的神観を鋭く批判したが、その思考はかれの故郷イオニアに興った新しい自然哲学から深い影響を受けていると思われる。というのは、イオニアの自然哲学者たちはかれらの究極的実体に「不死」「不滅」「万物を包括する（panta periechon）」「万物を主宰する（panta kybernan）」などの形容句を与えているが、これらの形容句はかつてはオリュムポスの神々に与えられていた「神の特質」であったのであり、つまりは、イオニアの自然哲学者たちは「自然の原理」が神である、と言っていたことになるからだ。そうであれば、擬人的な神がもはや成り立たないことは、潜在的に語られていたことになろう。――ちなみに、「万物を包括する（panta periechon）」ということの神の特質は現代の哲学者ヤスパース（K. Jaspers, 1883–1969）の「包括者（das Umgreifende）」という概念に引き継がれている――しかし、同時に、クセノファネスのうちには、神が精神的な存在である、という新しい洞察がある。この両者が明るい啓蒙的知性のうちで合体し、擬人的神観に対する壊滅的批判が成立した。

人間とそっくりの神々

「神々が生まれたものであり、人間の衣服、姿、声をもつ、と人間たちは思い込んでいる」（断片一四）

「エチオピア人は神々を色黒で獅子鼻であると言い、トラキア人は碧眼紅毛であると言う」（断片一六）

「もし牛や馬や獅子に手があれば、あるいは、人間のように手で描いたり芸術作品を作れたら、馬は馬に似せ、牛は牛に似せて神々の姿を描き、かれら自身の体のような神々の体を作ったことだろう」（断片一五）

「ホメロスとヘシオドスは人間たちのもとで恥辱と非難の的であるすべてのことを神々に帰した。すなわち、盗み、不倫、騙し合い」（断片一一）

第3章で論じたように、ギリシア人は神々を人間の本性の典型として造形した。それだから、神々はその生活や行為において人間の美点と同時にあらゆる弱点をも示すものであった。このような神の姿に対して、クセノファネスは「否」と言う。それは、人間が神を自分に象って作ったからである。そういうことであれば、神は牛にとっては牛であり、馬にとっては馬である、ということになるだろう。この嗤《わら》うべき不条理は、擬人的神観を打ち砕くに充分な巨大な一撃である。それでは、クセノファネスの考える真実の神とはどのようなものであろうか。

理性としての神

「唯一の神、神々や人間たちのうちで最大なるものは、その姿においても思惟においても、死すべき者とは似

ても似つかない」（断片二三）
「神は見る働きそのもの、考える働きそのもの、聞く働きそのものである」（断片二四）
「神はなんら労することなく理性の働きによって万物を揺り動かす」（断片二五）
「神は常に同じところに留まっていて、いささかも動かない。ある時にはある場所へ、他の時には他の場所へと位置を変えるのは、神にふさわしくない」（断片二六）

クセノファネスが擬人的神観の否定を跳躍台にして神の超越性、精神性、唯一性の方向に進んだことは明白である。上の諸断片には、後にアリストテレスが厳密な論理によって基礎づけた「不動の動者」という神概念を予感させるものさえある。こうして、ミレトスの理性主義は、神学の領域においても、神観念の純化を遂行したのであった。

3 ヘラクレイトス

ヘラクレイトス（Hêrakleitos, BC c.535–c.475）の生まれたエフェソスもまた、コロフォンと同様に、ミレトスのわずか北方のエーゲ海岸の崖の上にある。現在は、土砂の堆積により海岸線は数キロの彼方へ後退しているが、往時は崖下を波が洗い、大船も出入りしていた。今に残る大規模な遺跡からだけでも、古代のエフェソスがいかに栄えていたかを、充分に想像できる。かれはこの都市の王族の出といわれるが、ある時アルテミス神殿の境内で子供たちとサイコロ遊びをしていたらしい。訝しげに周りをとり巻く大人たちに向かい、「君たちと政治をしているよりはましだ」と言い放ったそうである。かれの断片五二には、「時（人生）は遊び戯れる子供、サイコロ遊びをしながら。王国は子供のもの」とあるが、ニーチェにとってヘラクレイトスは終生の師であった。

子供の戯れ（ツアラツーストラの理想）

ニーチェ（F. Nietzsche, 1844-1900）の『ツアラツーストラ』の冒頭には、「精神の三つの変化」という章がある。多くの重いものが精神にとっては存在する。忍耐強い精神はこれらのすべてを自分に引き受け、重荷を積まれたラクダのように砂漠へと急ぐ。けれども、砂漠の中で変化が起こる。ここで、精神はライオンとなる。自由をわがものとし、支配者になろうとする。かれは最後の神に敵対しようと欲し、この巨大な竜と戦う。巨大な竜とはなにか。それは「汝なすべし」だ。竜の鱗には「汝なすべし（du sollst）」という掟が輝いている。しかし、新しい価値を創造することは、ライオンにはできない。自分に自由を創り出し、義務に対してさえも聖なる否（ein heiliges Nein）を言うために、ライオンは必要だったのだ。ライオンのなしえなかったこと、それを子供がする。「子供は無垢であり忘却である（Unschuld und Vergessen）。新しい始まりであり戯れである（Spiel）。自分自身から回りだす車輪であり、聖なる肯定である（ein heiliges Ja-sagen）」。

「そうなのだ、兄弟たちよ、創造の戯れのためには一つの聖なる肯定を語ることが必要なのだ」。この精神の三段階の変化は、おそらくニーチェ

図 5-2　エフェソスの都大路の廃墟

自身の精神の遍歴を物語るものであろう。しかし、最終段階の「子供の戯れ」にはニーチェは達していなかったかもしれない。「力への意志」というライオン的な自己主張をかれは最後まで引きずっていたからである。だから、これはかれの憧れであったのだ。この理想をかれはヘラクレイトスから学んだのであり、また、「生成の無垢」「生成の目的なき戯れ」「万物の永劫回帰」というかれの基本思想もまたヘラクレイトスから受け継いだものであった。このように思想においてばかりではなく、衆愚を蔑む弧高の気質においても二人は似ている。

「大多数の輩《やから》は、さながら家畜のごとくに飽食するのみ」（断片二九）

「聞くことも話すこともできぬ輩」（断片一九）

「犬は見知らぬ者に吠えかかる」（断片九七）

それでは、このあまねき愚かさに対して、ヘラクレイトスが対立させる知恵とはどのようなものであろうか。それは博識ではない。ちょうどニーチェが歴史的知識の過剰を生の衰退の印として蔑視したように（『生に対する歴史の利害』）、博識ほどヘラクレイトスが嫌ったものはなかった。

「博識は理解力を与えない。そうでなければ、ヘシオドスも、ピタゴラスも、クセノファネスも、ヘカタイオスも理解力を持ったことだろう」（断片四〇）

宇宙論

ヘラクレイトスの言う知恵とは、宇宙のうちにある万物を貫いて支配している唯一のロゴス（logos）を認めることである。「すべてのものにとって同一のこの宇宙の秩序は、神が造ったものでも人が造ったものでもない。それは常にあったし、今もあるし、これからもあるだろう」（断片三〇）。その永遠不変の秩序とは、万物は現象的には多様でありながら、実体的には同一である、という事態である。「神とは昼と夜、冬と夏、戦争と平和、飽食と飢餓」（断片六七）。神とは宇宙の実体である一者、火のことであるが、この実体は相対立する姿で現象する。それ故、相対立し、相戦い合うすべてのものは、実は、同じ一つの実体が相互に変転し合っている姿にすぎないのであり、この永遠の流転流動によって宇宙の不変の秩序が成立しているのである。すなわち、「火は土の死を生き、空気は火の死を生き、水は空気の死を生き、土は水の死を生きる」（断片七六）。この断片によって語られている宇宙の生成変化のプロセスは、「火→空気→水→土」の方向であるが、同時に反対方向のプロセス「土→水→空気→火」も行われていて（「上への道と下への道は同一」断片六〇）、その結果、宇宙全体としては常に不変の秩序を保っているのである。この状態をかれは「反発的調和（palintonos harmoniē）」と言う。それは、ちょうど相拮抗する力士の組打ちが恐ろしい力をぶつけ合いながら静止しているように、相対立するものの緊張関係によって形成されている調和である。

生きるとは死ぬこと、死ぬとは生きること

こうして、人間の魂もまた宇宙の究極的実体である火の一断片であり、その生も死も変転する万物と同様の運命の下にある。「不死なるものは死すべきもの、死すべきものは不死なるもの、このものはかのものの死を生き、

かのものの生を死ぬ」（断片六二）。この意味で、生きるとは死ぬことであり、死ぬとは生きることである。つまり、生きることも死ぬことも不死なる実体のある変容であるという意味では同じことなのである。しかし、そうは言っても、実体が火である以上は、なるべく火に近づくこと、すなわち、魂を乾燥させることが、人間にとってはよいことになる。この辺りには論理的に問題があるが、いずれにしても、ヘラクレイトスは水に近づくことが魂の劣化であり死滅であると考えていた。「大の男もひとたび酔えば、年端もゆかぬ童《わらべ》に導かれる。よろけながら、どこへ行くかも知らずに。魂を湿らせたために」（断片一一七）。そして、「乾いた魂が、この上なく賢く、この上なく優れたもの」（断片一一八）なのである。

ここにも神々はおられる

ヘラクレイトスの断片一一九は、わずか三語より成る碑文的に簡潔な一句であるが、この一句のうちに「人間本質とはなにか」が語られている、とハイデガーは言っている（“Platons Lehre von der Wahrheit, mit einem Brief über den Humanismus,” Bern, 1954, S.106–9.『ヒューマニズムについて』）。この断片は“êthos anthrôpôi daimôn”というもので、普通は、「人間にとり運命とは性格である」と訳される。しかし、ハイデガーによれば、この訳は近代的で非ギリシア的である。すなわち、「エートス」というギリシア語は、もともとは、滞在の場所、居住の場所を意味していた。つまり、この言葉は、人間がその中に住まう開けた領域（offener Bezirk）を指しているのである。この開けが、人間本質がそれに帰属するそのものを、現れさせる。そのものの到来を人間の住まう場所が保持している、というのである。ヘラクレイトスの上の断片によれば、その「なに」とは“daimôn”すなわち、神である。だから、この断片は、「人間は、人間であるかぎり、神の近みに住まう」と言っているのである。アリストテレスがヘラクレイトスについて伝えている一つの話が、断片のこの解釈にぴたりと適合する。「ヘラクレイトスは、かれに会おうとした客人たちにこう言った、と伝えられている。かれらは近寄ってきたが、ヘラクレイトスがパン焼き窯の側で暖をとっているのを見て、驚いて立ち止まった。というのは、ヘラクレイトスがかれらに元気をだして入るようにと言ったからである。なぜなら、ここにも神々はおられるのだから、と」（『動物部分論』六四五A一七―二一）。訪問者たちは、有名な哲学者を見ようと、好奇心に溢れてやって来た。思索家であるからには、なにか例外者の威厳をただよわせているに違いない。かれは深い思索に耽っているだろう。かれらは人々に噂しうるような知恵の言葉を聞きうるかもしれない。だが、かれらの失望は大きかった。かれらが発見したのは、パン焼き窯の側で暖をとっている一人のみすぼらしい老人であったのだ。この、さなきだに日常的な場所で、乏しい老人が凍えている様子などは、誰の興味も引かないだろう。かれらは失望のあまり、入り口から入ろうともせずに引き返そうとしたのだ。そのとき、ヘラクレイトスが一喝する。「ここにも、神々はおられる」と。「ここにも」とは「このパン焼き窯のところにも」という意味である。あらゆる物、あらゆる状況、あらゆる行為、あらゆる思考がわれわれに親しい、この日常的な場所に、神々が現前する。それ故、断片一一九はハイデガーの訳では、こうなる。「人間にとっての普通の場所は、神（普通でないもの）の現成《げんじょう》のために開けた場所である」（Der 〈geheure〉 Aufenthalt ist dem Menschen das Offene für die Anwesung des Gottes 〈des Un-geheuren〉）。ヘラクレイトスのこの断片は、脱存する（自己から脱け出して、存在の開けの中へたち出でる）者（Ex-istenz）としての人間の原初の本質が「存在の真理の思索」にあることを、語っているのである。

第6章 ソクラテス以前の哲学(二)——南イタリアを中心とする多様な哲学の展開

1 ピタゴラスとピタゴラス派

シャーマン的博識者

ピタゴラス(Pythagoras, BC c.570)は、ミレトスからわずかの距離しか隔たっていないサモス島の生まれであるが、前六世紀に南イタリアがイオニアから多数の移民を受け入れたときに、そこの植民都市の一つクロトンに移住した。そこで、かれは宗教的結社を設立し、政治的活動も行ったらしいが、彼をはじめとして初期のピタゴラス派の人々が書物を著さなかったことと、結社の教義が厳重に秘匿されたために、確かなことはなにも知られていない。しかし、かれに近い時代の人々の証言により、大体次のようなことは推定できる。その一つは、ピタゴラスが驚くべき博識の人、ギリシア世界では周知の知者であったことである。前章に挙げたヘラクレイトスの断片四〇、さらには断片一二九（「あらゆる人々のうちで最大の学問研究者ピタゴラス」）は、かれがミレトスの自然哲学にも精通していたであろう刻苦勉励の人であることを窺わせる。だが、この博識についてはいささか違った視点もある。すなわち、エンペドクレスはピタゴラスについて「測り知れぬ量の知の所有者……人間の生を一〇回も二〇回も経ることにより万物をことごとく見通した人」（断片一二九）と言っている。この言葉は、かれについて知られうる第二の点、すなわち、かれが魂の輪廻転生を説いたこと、それがかれの莫大な知と結びついていること、を物語っている。あるとき、ピタゴラスは路傍で子犬の打たれているのに出合い、「止めろ、打つな、友人の魂だ」（クセノファネスの断片七）と叫んだ、と伝えられているが、この話は、かれがすべての生物を同類と見なし、人間の魂もそれらに出入すると信じていたことを、物語っている。ピタゴラスのこの霊魂観は、それまでのギリシアにはなかった新しい見方の導入である。

禁欲的宗教教団

すでに、第3章「ホメロス」で述べたとおり、ホメロスにおける魂は「生者の力なき影」「存在の名に値しない夢幻」であった。これに対し、ピタゴラスは、魂が神的な起源をもつ不死なる自己同一者であること、犯した罪のために肉体という墓の中に落ちていること、この世にある間の全活動に対する倫理的責任を負うこと、やがてあの世で審判処罰があること、その償いは他の諸生物への輪廻転生により果たされること、あらゆる肉体的情欲から決定的に浄化された魂が初めてその神的な起源へ帰還できること、などを説いた、と考えられる。このような思想は、元々は、ユーラシア大陸に広く分布するシャーマニズムに由来すると思われるが（E・R・ドッズ『ギリシア人と非理性』「第五章　ギリシアのシャーマンとピューリタニズムの起源」）、直接にはオルフェウス教を土台にしている。あるいは、ピタゴラス教団自体がオルフェウス教の基礎を形づくった、と言うべきかもしれない。こうして、ピタゴラスを教祖とする宗教結社は、魂を浄化するために厳しい戒律（akousmata）を守って修行する禁欲修道士の団体であったのである。

観想による魂の浄化

しかし、ピタゴラス教団は単に戒律の遵守や宗教的儀式の実践のみによって魂の浄化に努めたのではなく、むしろ、学問研究によってそれを行おうとした点に特色をもつ。言い換えれば、宇宙の神的な秩序の観想に専念することにより、魂の救済に至ろうとしたのである。ちなみに、この生き方は、後に、プラトン、アリストテレスによって受け継がれ、神的な宇宙の観想による神への同化（観想的生活）という理想として開花したものの原型である。古ピタゴラス派の学説についてはほとんどなにも知られていないが、前五世紀の後半に活動した後代のピタゴラス学徒フィロラオスにはこういう断片がある。「宇宙の中の自然は、限度のないもの（apeiron）と限定するもの（perainon）とから調和的に構成されている。全体としての宇宙も、その中にある万物も」（断片一）。「認識されるものは、すべて数をもっている。なぜなら、数がなければ、なにものも考えられることも、認識されることもできないからである」（断片四）。こうして、ピタゴラス学派において初めて、「限定するもの」と「限定されるもの（無限定なもの）」という二つの原理が存在者の構成原理として登場したが、これが、後に西洋哲学の基本原理として決定的な働きを遂行する「形相」と「質料」の原初の姿であり、また、形相的原理はすでに数学的秩序として理解されてもいたわけである。

2　エレアの存在論――パルメニデスとゼノン

女神の啓示

南イタリアの植民都市エレアは、パルメニデス（Parmenidês, BC c.515）の名によって不朽である。パルメニデスはその思想を論文の形式によってではなく、叙事詩の形式によって表現した。序詩の部分は、ホメロス・ヘシオドス様式の神話的表象に彩られた宗教的雰囲気に包まれているが、この表現様式は、序詩に続いて展開される思想が日常的世界の了解を超えた、秘儀の世界に属することを、暗示するためであろう。かれは前人未踏の真理に到達したとの自覚をもったので、これは、人間パルメニデスの作品としてではなく、女神の啓示として語られねばならぬ、と思ったに違いない。この序詩の中で、選ばれた者パルメニデスは、太陽の乙女らの御す賢い馬（理性）に引かれて疾走する馬車に乗り、あらゆる町々を通過し、無知な人間たちの暗い夜（偽）の世界から、明るい昼（真理）の世界へ向かって進む。途中に立ちはだかる、夜と昼の道を分ける天の門は、乙女らの説得によって開かれ、門の中に走り込んだパルメニデスは女神から真理の啓示を受けるのである。

図 6-1　パルメニデス　20世紀にエレアの近郊で出土

理性の洞察

パルメニデスの到達した真理とは、「存在」（on）の不生不滅、単一不動ということである。感覚は、われわれの周囲の世界が絶えず流動変化する多様な世界であることを示しているが、この姿は虚妄であり、真の「存在」は無時間的な、不変不動の、単一なものでなければならない。だが、どのようにして、それは明らかになるのか。それは、感覚に頼ることなく、純粋に理性(noos)の力によって事柄を洞察するときに、明らかになるのである。もともと「理性」と訳される"noos"の働き"noein"には、日常的なギリシア語の用法でも、「外観を通して正体を見破る閃き」、そういう意味での「直覚知」という色彩があり、パルメニデスにおいては、この働きが「感覚的現象を超えて事物の真なる本性を直接に把握する力」として特に重視されているのである。「思惟することと存在することとは同一なるものに属する」という有名な断片三は、このこと、すなわち、「理性によって把握されたもののみが真に存在する」ということを、語っているのである。

もちろん、パルメニデスは「なにかがある」ということを証明しているのではない。「なにかがある」ということは、証明され得ることでもないし、証明されるべきことでもない。存在は、絶対の所与として、ただ了解され語られるだけである。だから、パルメニデスが問題にしていることは、「ある」の意味を真に理解したならば、生成消滅する現象が「ある」などとは言えないはずだ、ということに他ならない。

存在は、不生不滅、不変不動、一であること

さて、パルメニデスの議論は次のように展開する(断片八)。まず、(論理的に)必然の真理として「あるか、もしくは、あらぬか」という二者択一がある。この二者択一において、「あらぬ」という前提は、あらぬのであるから、前提自身が前提自身の成立を否定している。もちろん、「あらぬ」と発言することはできるが、その時には、無意味な発言をしているのである。ギリシア語で文字通り「あらぬことを語る」(ouden legein)と言うと、

「ナンセンスなことを言う」という意味の熟語になるが、無に関する発言はパルメニデスによればすべてこの熟語の言う通りナンセンスなのである。しからば、二者択一の残る項は「ある」であるが、すでに述べたとおり、この「ある」は単に論理的な前提として立てられているのではなく、絶対の所与として立てられている、と言ってよい。この「ある」について、パルメニデスはその誕生を求めてはならぬと厳命している。なぜか。まず、「ある」が「あらぬ」（無）から生じた、と考えることはできない。なぜなら、今しがた述べたように、「あらぬ」はあらぬのであって、語ることも考えることもできぬ非実在、無意味、虚妄だからである。では、「ある」は「ある」から生じた、と考えうるか。否。なぜなら、その時には、生じた「ある」は「あるではなかった」という自己矛盾が生ずるからである。こういうわけで、「ある」に生成はありえないが、まったく同じ理由によって滅亡もまたありえない。なぜなら、もし「ある」が滅亡するとすれば、「ある」が「あらない」ことになり、同様に自己矛盾を惹起するからである。別言すれば、滅亡するものはもともと「ある」でなかったのであり、「ある」は「ある」である以上、ただひたすらに「ある」だけである。こうして、存在にとっては、過去も未来も意味をなさない。総じて、時間が意味をなさない。すなわち、生成消滅する時間的世界は非存在なのである。

それ故にまた、「ある」には程度の差がありえない。なぜなら、もし程度の差があれば、或る「ある」は別の「ある」ほどには「あらない」ことになり、結局は「あり、かつ、あらない」という同じ自己矛盾が生ずるからである。こうして、「あるはあまねく同じ程度にある」。このことを物体的に表現すれば、「存在はいたるところで等質（homoion）であり、分割できず（adiaireton）、連続している（xygnekes）」ということになる。すなわち、「ある」は不可分の連続体として、単一であり、すべてであり、満ち満ちている。換言すれば、空虚なるものは存在しえないのである。

さて、以上の議論によって、ミレトス的な宇宙論の成立根拠に強烈な打撃が加えられたことは言うまでもない。たとえば、アナクシメネスは、宇宙の生成変化を、根源的実体である空気の濃縮化と希薄化のプロセスによって、——すなわち、量的相違という形で「ある」に不等性を許容することにより——説明したが、もはやこのような試みが不可能になったことは明白である。それ故、パルメニデスの確立した存在概念、すなわち、不生不滅、不可分、等質な存在概念を保持しつつ、この生成変化する現象世界をいかにして説明するかが、後続の自然哲学者の課題となったのである。

ハイデガーによる断片三の解釈

パルメニデスの断片三（to gar auto noein estin te kai einai）は、ハイデガーによれば西洋哲学を貫く根本命題であるが、それはどういう意味においてであろうか。それは、この断片が一方においては主体性の形而上学（存在忘却）を惹起する要素を含むと同時に、他方においては「人間が存在に用いられる牧人である」という立場、すなわち、まさに主体性の形而上学の超克をも含意している、という両義的な意味においてである。この断片は、普通、「なぜなら、思惟と存在は同一であるのだから」と訳され、思惟によってあるいは理性によって存在は規定されるという、カント的な主観的実在論の思想の根本原則を表す断片だ、と理解されている。カントの主観的実在論とは、思惟の規定性が存在の規定性であり、したがって、存在者は思惟の規定性を受け取る対象としてのみ存立しうる、という思想である。この思想の行き着く果ては、技術（理性）による自然（存在者）の支配という、現代世界を荒廃させている人間至上主義の世界観であり、そこにおいては、存在者は人間に利用されるべき用材（Bestand）としてのみその存立が許容されるのである。これがハイデガーの言う存在忘却（Seinsvergessenheit）の世界であり、この断片はこのような存在忘却の立場を惹起する要素をも秘めているが、しかし、これがこの断片の真の意味ではない、とハイデガーは言う（『形而上学入門』第五一節「パルメラデスの言葉において、存在そのものの本質から人間存在を規定すること」）。

では、この断片は真の意味ではなにを語っているのだろうか。それは、人間の本質がなんであるかを語っているのだ、とハイデガーは言う。まず、この断片はこう訳されなければならない。"Zusammengehörig sind Vernehmung wechselweise und Sein."（了解［聴従］と存在はそれぞれ相互に他に帰属し合う）。すなわち、人間は存在に用いられる牧人として存在に帰属し、存在は己を現すために人間を必要とするという意味において人間に帰属する。相互的帰属とはこのことを言う。だから、人間の本質は存在の本質からのみ規定されうるのである。存在の本質とは「支配しつつ現れ出ること（waltendes Aufgehen）」である。それが、ハイデガーの理解する「ギリシア人の語った自然（physis）」の意味でもある。だから、ギリシア的に表現すれば、「己を現すものとしての自然の受容的聴従（hinnehmendes Vernehmen dessen, was sich zeigt）」が人間の本質である、ということになるだろう。人間の本質を規定するとは、人間学的な、あるいは、心理学的な、あるいは、社会学的なある一定の答を人間について与えることではなく、問うことそのことなのである。［人間の本質の働きとしての］了解（聴従）とは、一つの出来事（Geschehen）なのであって、その出来事において人間は初めて生成（歴史、Geschichte）の中に歩み入り、文字通りの意味で存在の問いに到達する。パルメニデスのこの断片のうちで成就していることは、「存在の生成的（歴史的）な守り手（der geschichtliche Verwahrer des Seins）としての人間の出現」ということであったのである。

以上は、前期から後期への移行過程にあるハイデガーの思想のある重要な一局面であるが、思惟と存在の本質的相関性を語るパルメニデスの断片三は、二〇世紀の代表的思想をもその含蓄のうちに包みうる、恐るべき射程をもった言葉である、と言いうるであろう。

ゼノン

ゼノン（Zênôn, BC c.450）はパルメニデスと同郷の南イタリアのエレアの人で、人生の大部分を故郷で過ごした、と思われる。しかし、パルメニデスと連れ立ってアテナイにも滞在したことは、プラトンの対話篇『パルメニデス』から分かる。パルメニデスは白髪の端正な老人として、ゼノンは四〇前後の長身の壮年として描かれている。かれは、そのとき、ソクラテスとも会って対話している。

ゼノンの論法の性格

ゼノンはパルメニデスの忠実な弟子で、師の説を擁護することにその全思索を捧げた。しかし、その擁護の仕方は、直接的な擁護ではなく、師の説に反対する人々の思想が自己矛盾を含むことを論証するという形での、間接的な擁護である。この故に、ゼノンは論争的論法（eristikos logos）の創始者である、と言ってよいだろう。アリストテレスは『トピカ』の第一巻第一章で、論証を三つの種類に分けている（一〇〇A二五—B二九）。まず、普通、われわれが厳密な、あるいは、学問的な論証（apodeixis）と言うとき、それは、必然的な、あるいは、自明な、あるいは、すでに論証された命題から出発して、厳密な推論を経て、ある結論に到達する。それ故、その結論は同様に必然的である。これに対し、対話的論法（dialektikê）とは、論証されてはいないが、多くの人々によって是認されている命題（endoxa）から出発し、推論の過程は正しく行われて、前提と同様の大体妥当な結論に到達する。この論証が、倫理学や政治学における論証である。これらの妥当な二つの論証に対して、第三の論証が論争的論法（eristikê）である。これは、一見妥当なように見えるが、実は妥当ではない命題から出発し、虚偽の結論を導出するものである。以下に展開するゼノンの議論の場合、論証の出発点となる命題はパルメニデスを否定する相手の命題である。すなわち、ゼノンは、相手の主張を前提（hypothesis）として立て、その前提の中に自己矛盾が内在することを示し、相手の説が虚偽であることを結論するのである。これは、やがて出現するソクラテスの反駁的対話（elenchos）の荒削りな原型であるが、ゼノンはまさにこの原型を作り出したのであり、その鋭利な議論によって常識の世界を動揺させたのである。

パルメニデスは、「存在は不変不動の一である」と言った。しかし、われわれの見る現象世界は運動変化する多くの物体から成っている。常識は、パルメニデスの言説を否定せざるをえない。そこで、パルメニデスを擁護するゼノンの議論は「多の否定」と「運動の否定」という二つの議論の類から成立することになる。

多（polla）の否定

もっとも単純な議論を一つだけ挙げる（断片三）。「もしも、多（polla）が存在すれば、それは有限である（peperasmena）とともに無限（apeira）である。このことを、ゼノンはこう書いている。〈もしも多があれば、それはそれである限りのそれだけであり、それよりも多くもなければ少なくもない。……したがって、有限（peperasmena）であるだろう。だが、もしも多があれば、存在者は無限である。なぜなら、存在者と存在者との間には（metaxy）常に他のもの（hetera）が存在し、さらに、それらの間には別のものが存在するからである。こうして、存在者は無限（apeira）である〉」。こうして、ゼノンは「多は有限であると同時に無限であるという自己矛盾を含むが故に、存在しえない」と論証した。

しかし、このパラドクスは成立するであろうか。ゼノンの言っていることは、こういうことである。多、たとえば、2は、2である限りのものであるから有限である。10でも、百億でも同様である。ところで、他方、2(すべての量)は分割すれば、1と1になり、それぞれの1を再度分割すれば½と½と½と½になり、この手続きは無限に進行するから、2は無限になる。それ故、2は有限であると同時に無限である、というパラドクスを抱えている、とゼノンは言うのである(「間にある」という表現は、「分割できる」という意味に理解しても、同じことになる)。このゼノンの議論は妥当だろうか。否、とアリストテレスは言う(『自然学』二〇六A一四—一八)。なぜなら、この議論の後半に現れる無限は、分割(diairesis)による無限の生成であり、それは、無限が現実的に(energeiai)ではなく、可能的に(dynamei)ある、ということだからである、と。「無限」は、「分割」によるにせよ、「付加(prosthesis)」によるにせよ、いずれにしても、可能的にしか存在しえない、と。無限の問題は現代でも未解決の困難な問題であるが、ゼノンが無自覚にせよこの「可能的無限」の思想によって「多の否定」というパラドクスを作ったことは驚くべきことだろう。

運動(kinêsis)の否定——「アキレウスと亀」、「飛矢静止論」

運動の否定については、四つのパラドクスが作られているが、そのうちから有名な「アキレウスと亀」と「飛矢静止論」の二つを取り上げることにしよう。

最速の走者アキレウスと亀が競争する、とする。亀は鈍足だから、ハンディを与えて、アキレウスの前方一〇〇メートルの地点から出発する、とする。アキレウスが亀の出発した地点に到達した時、亀は少し前進している。アキレウスがその前進した地点に到達した時、亀はさらに少し前進している。こうして、この過程は無限に進行するから、アキレウスは決して亀に追いつけない。

このパラドクスも無限の問題によって生ずるパラドクスである。アリストテレスはこのゼノンの議論を「無限」についての無理解から生じたもの、と批判している（『自然学』二三三A二一―三二）。すなわち、長さも時間も、つまり、すべての連続体は、二つの意味で「無限」である、とアリストテレスは言う。一つは分割による無限であり、他は延長による無限である。有限の時間の中で、延長という意味での無限ならば、それを捉えることはできないが、分割という意味での無限ならば、それを捉えることはできる。つまり、アキレウスは一定の時間内に直ぐに亀を追い越すことができるのだ。この批判は、本質的には、上に述べた「可能的無限」と「現実的無限」の区別による批判とまったく同じである。しかし、このアリストテレスの批判によって、「無限」の問題が現代に至るまで、解決され尽くしたわけではない。

「飛矢静止論」とは、以下のような議論である。飛んでいる矢は止まっている。なぜなら、自分の大きさと等しい空間を占めている物体は、すべて、その空間の中で止まっている。さて、飛行中のすべての今（to nyn）において、矢は自分自身と等しい空間を占めている。それ故、あらゆる今において、矢は静止している。

このパラドクスに対して、アリストテレスは次のように批判する（二三四A二四―三二）。このパラドクスは、時間が不可分の瞬間（to nyn adiaireton）から成り立つ、という前提に基づいて、成立する。ところが、アリストテレスの時間論では、不可分の最小単位としての瞬間なるものは、存在しないのである。なぜなら、物体は速く動くこともあれば、遅く動くこともあるから、ある瞬間において、物体Aはより長い距離A―Bを通過し、物体Cはより短い距離C―Dを通過するだろう。それなら、Aは瞬間の半分でC―Dを通過することになるが、これは前提上不可能である。したがって、瞬間は不可分の点的存在ではない。すなわち、時間は不可分の最小単位から合成された連続体ではないのに、ゼノンのパラドクスは時間を不可分の単位として切り離しうると考えることにより成立しているのである、と。このアリストテレスの鋭い批判は、現代に至るも未解決の「時間とはなにか」という問題に絡んでいるが、ゼノンのパラドクスは、われわれに時間および運動の神秘を熟考するよう、促している、と言ってよいだろう。

3　エンペドクレス

宇宙論

エンペドクレス（Empedoklês, BC c.490–c.430）は、自分を神になぞらえたり（断片一一二）、永劫回帰を説いたりする点で、ニーチェのツアラツーストラの原型であるとも言われているが、医師、魔術師、詩人、神官、予言者、政治家、自然哲学者などのいずれともつかない万能人、もしくは境界人である。かれのうちには、自然現象を自然学的原理によって説明し尽くそうとする厳密な科学者的精神が内在するとともに、この世を「殺戮と怨恨の精がさまよう喜びのない所」（断片一二一）と見、自分自身をその中で罪を犯した「汚れた霊」として嘆く神秘的な宗教的精神も内在する。エンペドクレスには現在断片として残されている『自然について』と『浄め』という二つの著作があるが、この二著作のそれぞれの表す世界が上に述べた二面性に対応する。この二元的な精神構造が、かれの哲学の特質であると言える。

まず、かれの宇宙論はパルメニデスの存在論の衝撃を全面的に受けとめ、それを疑うことのできない前提とするところから出発している。すなわち、絶対的な意味での生成消滅はありえない。究極の実在は不生不滅、不変不動でなければならない。「まったくあらぬものから生成することはありえない。また、あるものが完全に滅亡することもまた起こりえない」（断片一二）。では、この生成変化する世界をどのようにして説明するか。それは、不生不滅の究極的実在を多元的とすることによってである。すなわち、地、水、火、風の四元素が万物の四つの根（rhizômata）としてパルメニデスの存在にあたる究極的実在であり、すべてのものはこれら四元素の混合と分離によって生成し消滅するのである。この際、混合を惹起する力として「愛（Philiē）」が、分離を惹起する力として「憎（Neikos）」が導入される。ただし、「愛」と「憎」はそれ自体としては知覚されえず、四元素の在り方によってそれと知られるのである。四元素はそれぞれに固有の性質と運動性能をもっているが、「愛」はそれらの固有な性質が払拭されるような形で万物を混合し、一つの一様な融合体（Sphairos）を形成し維持しようとする。これに対して、「憎」は「融合体」を互いに戦い合う諸要素へと分解し、四元素を相互に分離させる力である。こうして、宇宙のプロセスは、「愛」の完全支配期から移行期を経て「憎」の完全支配期へ、そこから再び移行期を経て「愛」の完全支配期へ、という風に、四つの段階を円環的に永遠に回帰している、と考えられている。「愛」の完全支配期は万物の無差別一様な混沌であり、「憎」の完全支配期は四元素の完全分離であるが、両者の中間にある「愛」の伸長期ならびに「憎」の伸長期に、もろもろの可死的な存在者、すなわち、生物や事物が生成し消滅する。われわれは、現在、おそらくは、「愛」が衰退し「憎」が増大する時代に生きていて、そのために、人間の道徳的堕落や戦争の頻発や自然の破壊が起こっているのである。

図 6-2　エトナの火山　エンペドクレスはこの火口に投身自殺したと言われている

図 6-3　エウリュディケーとオルフェウス　左端はヘルメス神，前 420 年の作品のローマ時代の複製

『浄め』の世界

エンペドクレスの哲学のもう一つの面を表す『浄め』は、人間の魂の運命を物語るものである。すなわち、かれは「憎」に身を委ねたために罪を犯し、無垢の生から墜落して輪廻転生の罰に処せられている。「われもまたかかる者の一人、狂える憎しみに身を委ね、神から逐《お》われし放浪者」（断片一一五）。「われは嘆き叫びたり、見知らぬ土地を見しにより」（断片一一八）。「われはすでに幾たびも生まれ、若者、乙女、草木、鳥、波間に躍るもの言わぬ魚となりき」（断片一一七）。しかし、やがて罪から浄められて至福の状態へと復帰し、神となる。それは、一方では、流血、肉食の禁を固く守ることにより、他方では、宇宙万有の真相を観想することにより、成就されるのである。以上の教説は、オルフェウス・ピタゴラス教団のそれとほぼ同じで、エンペドクレスが同教団に近い立場にあっただろう、と推定させうるものである。

魂の観念における矛盾

エンペドクレスの自然学者としての発想とオルフェウス教徒としての発想との間には、かれ自身が体系的調和をはかろうと非常な努力をしているにもかかわらず、食い違いのあることは最初に指摘した通りだが、この食い違いは魂の観念においてもっとも露わになっている。すなわち、一方で、かれは魂を四元素のもっとも精妙な混合である、と考えているらしい。なぜなら、「これらの諸元素から、かつて在り、いま在り、やがて在るであろうすべてのものは、芽吹いたのであるから。木々、男、女、獣、鳥、水で養われる魚、そして、生命永き神々（theoi）もまた。というのも、これらの四元素のみが存在し、相互に駆け抜けて万有となるのだから」（断片二一）。それ故、生命永き神でさえ可滅的であるからには、魂も当然可滅的でなければならないだろう。しかし、他方では、魂は自分の行為について倫理的責任を負う以上は、輪廻転生をくり返しながらも、同一なる「自己」として持続しなければならないだろう。そうでなければ、罰を受けることも、浄められることも、不滅の魂として天上界へ帰還することも叶わない。つまり、魂は宇宙の循環運動に巻き込まれて、生成消滅することはないはずである。この一種の体系的矛盾は、エンペドクレスが自然学的思考を営みながら、それを超える次元、ソクラテスによって発見された魂の次元を、遥かに予感していたことを示すものである。

4 アナクサゴラス

冷徹な知性人

アナクサゴラス（Anaxagoras, BC c.500–c.428）はミレトスの北方のエーゲ海岸にあるクラゾメナイの出身で、この出身地に相応しく、イオニア的理性主義の典型である、と言ってよい。かれは、サラミスの海戦（前四八〇）の後、ペルシアの支配を嫌ってギリシア本土のアテナイに移り、ペリクレスと親交を結び、エウリピデスをはじめとして知識人たちに大きな影響を与えたが、後に、「太陽は灼熱した石塊である」と言ったために、不敬罪に問われ、ペリクレスの助力によって危うく死罪は免れたものの、追放の身となって、ランプサコスで没した。この経歴からもすでに冷徹な啓蒙的知性の持ち主の像が浮かび上がるが、次のようなアネクドートも語られている。

かれは莫大な世襲財産を惜しげもなく投げ捨てて学問研究に専心し、政治向きのことには一切関わらなかったが、あるとき、なぜ自分の祖国のことに関心をもたないのかと隣人に詰問されて、「口を慎みたまえ。祖国のことには大いに関心があるのだ」と言って、天を指差した、という（ディオゲネス・ラエルティオス『ギリシア哲学者列伝』二巻三章七）。また、なんのために生まれてきたのか、と問われて、「太陽と月と天を観察するために」と答えたそうである（同上、八）。このような生き方のうちに、後にアリストテレスが究極の幸福として体系的に基礎づけた「観想的生活（theôrêtikos bios）」の原型を見ることができるだろう。

宇宙論

さて、アナクサゴラスもまたパルメニデスの存在論を絶対の前提として宇宙論の可能性を追求した。「いかなる事物も生成もせず消滅もしない。ただ、あるもの（eontôn chrêmatôn）から混合され（symmisgetai）、（あるものへと）分離される（diakrinetai）だけである。それ故、生成とは混合であり、消滅とは分離である、と言うのが正しいだろう」（断片一七）。エンペドクレスもまた同趣旨のことを言い、不生不滅の究極的実在として地水火風の四元素を立て、これらの混合分離により事物の生成消滅を説明したのだが、それでは、アナクサゴラスはエンペドクレスとどこで異なるのか。アナクサゴラスは、エンペドクレスがパルメニデスの根本原理に厳密には従っていない、と考えるのである。「なぜなら、いかにして髪ならざるものが髪から、肉ならざるものから肉が生じえようか」（断片一〇）。エンペドクレスによれば、骨は地、水、火の一定の割合での混合により生成するが、これは、結局、骨が骨ならざるものから生成することを、言っていることに他ならない。それ故、アナクサゴラスは無数の事物に対応する無数の性質を含む微小粒子（spermata）が存在する、と考えた。この微小粒子のうちには万物の性質が混在している。「万物のうちには（en panti）万物（panta）がある」（断片六）。「万物のうちには（en panti）万物の部分（pantos moira）がある」（断片一一）。すなわち、究極の微小粒子スペルマは宇宙のうちにあるすべての物の性質を持っている、ということである。それなら、どうして骨とか肉などの異なった事物が生成するのか、が問われるだろう。この問いに対して、アナクサゴラスはこう考えていた、と思われる。たとえば、骨の性質が多いスペルマが大量に集まると骨になり、肉の性質が多いスペルマが大量に集まると肉になる、と。だから、すべてのスペルマは万物の性質を含んでいるが、その含み方の比率が異なっている、と考えられる（ここには、スペルマについての解釈上の問題がある）。万物のうちに万物は内在するが、肉の性質の比率が大きいスペルマが大量に集まると肉になり、血の性質の比率が大きいスペルマが大量に集まると血になる、と理解する他はないだろう。

宇宙の起動因としての理性の登場

ところで、アナクサゴラスの名を不朽にしたのは、かれが宇宙生成の起動因として「理性（nous）」を語ったことによる。アリストテレスはこう言っている。「ちょうど動物の中に理性があるように、自然（physis）の中にも理性（nous）が内在し、すべての秩序と配列の原因（aition tou kosmou kai tês taxeôs）である、と誰かが語ったとき、それは、あたかも出任せに語っている先行する人々のうちで、目覚めた人（nêphôn）のように見えた。明らかに、アナクサゴラスがこのような言説の端緒を切ったことを、われわれは知っている」（『形而上学』九八四B一五―一九）。エンペドクレスも宇宙論において、質料的原理（地水火風）と起動因的原理（愛と憎）の異質の原理を立て、宇宙の生成変化を説明したが、アナクサゴラスは質料的原理として「スペルマ」を立て、起動因的原理として「理性」を立てたのである。これによって、アナクサゴラスは宇宙の成立と変化に物質的原理とはまったく異なる精神的原理を導入し、この原理が宇宙の成立のみならず、その秩序や善性（to eu kai ho kosmos）の根拠でもあることを説明しようとしたのである。「他のものは、すべてのものの部分を分有している。これに対して、理性（nous）は無限（apeiron）であり、自律的（autokrates）であり、他のなにものとも混合せず（oudeni memeiktai）、一人自立している（monos autos）。なぜなら、もしも理性が独存せず、他のなにものかと混合していたとしたならば、理性はすべてのものと混合していたことだろう。……そうなったとしたならば、混合した質料が理性を妨げたことだろう。すなわち、理性は独存して自分自身を支配するように、他のいかなる事物を支配することもできなかったであろう。……そして、大きなものであれ、小さなものであれ、魂（psychê）をもつ限りのすべてのものを理性は支配しているのである（kratei）。そして、万有の回転運動（perichôrêsis）にその始め（archê）を与え、それ以来ずっと回転運動を支配し続けてきた。そして、最初に小さな点から回転運動を開始し、万有はより大きく回転し、さらに、より大きく回転してゆくだろう。……そして、これから在るであろうすべてのもの、これまでに在ったすべてのもの、今存在しないすべてのもの、今存在するすべてのもの、やがて在るであろうすべてのもの、これらのすべてを理性が秩序づけたのである（diekosmêse）。星々、太陽、月、空気、アイテールなどが現在遂行しているこの回転運動も、理性が秩序づけたのだ」（断片一二）。

引用がやや長くなったが、この断片の中にアナクサゴラスの理性に関する思想とその画期的な意義がすべて含まれている。まず、理性は質料的なものと一切交わらず独立自存するが故に、質料的なものの一切を支配し秩序づけることができる、と言われている。すなわち、理性は純粋に自己自身であるが故に、自己以外の他のものによって受動的に規定されることがなく、それであるが故に、他のすべてのものを支配できるのである。ここには、すでに、アリストテレスの「動かされないで動かす（to kinoun akinêton）純粋現実態としての神」の観念の原型が仄かに出現している、と言える。そして、このアナクサゴラスの理性は、原初において、混沌とした無差別状態にあったスペルマの集塊に回転運動という一撃を与え、以後、この回転運動は次第に拡大し展開し続けて、星々、太陽、月、その他を生み続け、過去、現在、未来にわたり、永遠に世界に秩序を与え続けているのである。

これは、明らかに目的論的世界観の誕生であるが、ソクラテスはそれでもアナクサゴラスに不満であった（『パイドン』九七C以下）。ソクラテスはアナクサゴラスの理性に大きな希望を抱き、それによって「世界の秩序が善であること」までも説明されうると期待したが、アナクサゴラスは理性に世界形成のための最初の一撃を与えさせただけで、後は物質元素の機械論的な離合集散に説明を委ねていたからである。しかし、ソクラテスの期待は大きすぎたのではなかろうか。とにかく、アナクサゴラスにおいて理性を世界形成の究極原因とする目的論的世界観の萌芽が登場したことは、画期的なことであった、と言うべきであろう。

5　デモクリトス——原子論

笑う人

タレスに始まったイオニアの自然学は一五〇年を経て原子論に到達し、ここでソクラテス以前の哲学が終結する。原子論はレウキッポス（Leukippos, BC c.430）により創始され、デモクリトス（Dēmokritos, BC c.460–c.370）はこの人の弟子である、と言われているが、前者については資料が乏しく、また、その思想も後者の思想のうちに消化吸収されているので、ここでは、デモクリトスをもって原子論の代表者としよう。デモクリトスはすでにソクラテスの同時代人である。かれは小アジアのエーゲ海北岸にあるアブデラの生まれで、富裕な親からの財産を用いて広くオリエントを旅行し、エジプトでは僧侶から幾何学を学び、インドでは裸の行者にも会った、と言われている。アテナイにも来たらしいが、誰もデモクリトスその人とは認識しなかったらしい。このような話からだけで、すでに、控えめで、孤独な、しかし飽くことなく知識を追究する、隠者風の男が浮かび上がってくる。かれの著作は、ディオゲネス・ラエルティオス著『哲学者列伝』によれば約七〇篇にのぼったと伝えられており、その主題も数学、自然学、倫理学、音楽、技術のすべてにわたっていたらしいが、ことごとく散逸し、現在は断片を残すのみである。この彼の莫大な知識は同時代人の驚異の的であったらしく、「五種競技選手」、あるいは、もっと端的に「知恵」(sophia)というあだ名をかれは与えられている。また、「人間たちが空しいものを求めてあくせくしている姿を笑ったために」「笑う人(gelasinos)」というあだ名も与えられた。このあだ名はかれの人柄に実にふさわしく思われるもので、西洋の名画にも彼はしばしばこの笑う人の姿で登場し、レンブラントも晩年の自画像の一つをデモクリトスのこの姿に擬して描いたのではなかろうか。

原子と空虚

デモクリトスはエンペドクレスやアナクサゴラスよりも遥かに徹底的に、エレアの存在論の帰結を受容した地点から出発している。というのは、後二者においては、究極的実在は地、水、火、風の四元素とか、無数で多様なスペルマタ(種子)のように、いまだ性質的差異を保持していたが、パルメニデスの主張は、このような性質的差異が人間の思いなしにすぎず、真実在は等質(無質)でなければならない、という点にもあったからである。それ故、デモクリトスの立てた究極的実在「原子(atomon)」は、パルメニデスの「エオン(存在)」と同様に、不生不滅であるばかりではなく等質(homoion)でもある。ただ、原子は、パルメニデスの存在が唯一の巨大な充実体であったのに対し、無限の数の大小さまざまな充実体であり、無限の空虚中を飛び交っているのである。この空虚（kenon）の存在の主張――「無（to mêden 空虚）は有（to den）に劣らずある」（断片一五六）――ならびに、無数の原子への究極的実在の分割が、パルメニデスの呪縛を破り宇宙論の蘇生を可能にした革命的な発想であったのである。そして、この現象世界の無数の事物の生成消滅は、無数の原子の結合分離に他ならず、色、味、触覚などの感覚的諸性質は原子の形態、配列、位置などの差異により生ずる主観的印象にすぎないのである。

それでは、どうしてこのような世界が生じたのであろうか。結合分離する原子の運動はどこから来たのであろうか。なにがこれらの運動に最初の一撃を与えたのであろうか。『パイドン』篇でソクラテスが展開するこのような目的論的な問いに対して、デモクリトスは「そのような原因はなにもない」と言う。すべては「必然（anagkê）によって」、あるいは、「偶然（tychê）によって」生じたのである。原子は、無窮の過去から無窮の未来にわたり、ただ無目的的に運動しているだけである。アナクサゴラスの「理性」のような起動因を問題領域から排除したところに、むしろ原子論者の意図的な立場があったのである。

図 6-4　笑うデモクリトス
ヴェラスケス作，1628 年

上機嫌

ところで、原子論がこのように唯物論であり、目的因や起動因を排除した必然論であるならば、そこに倫理の成立する余地はなさそうに見える。ところが、デモクリトスは非常に倫理的な人間であり、かれの残存断片もその大部分が倫理的内容のものなのである。おそらく、かれの倫理はかれの人柄と、かれの深い人間知に根ざすもので、唯物論的世界観から生じたものではないであろう。あるいは、両者の間にあまり体系的連関がないことが、かれの倫理をかえって真実味を帯びたものたらしめている、と言えるかもしれない。

さて、デモクリトスによれば、「幸福も不幸も魂に属する」（断片一七〇）。では、どのような魂の状態が幸福かといえば、「人間にとって最善とは、できるだけ上機嫌で、できるだけ不機嫌であることなく、人生を送ることである」（断片一八九）。この「上機嫌」（快活、平静、euthymiē）という概念がデモクリトス倫理の中心概念なのであるが、それは快楽でありながら、口腹の快のような激しい快楽ではなく、静かな上品な快楽である。「飲食や愛欲の営みにおいて度を踏み越え、腹から快楽を得る者にとっては、すべて、快楽は短く、儚く、苦痛は数多い」（断片二三五）。それだから、「上機嫌は、適度の快楽と均衡のとれた生活によって、人間に生じてくる。不足も過剰も（反対の極端へと）変転しやすく、魂に大きな動揺（megalas kinēsias）をもたらしがちである。だが、大きな振幅で動揺する魂はけっして安定もせず快活でもない」（断片一九一）。すなわち、魂が動揺することなく、平静であることが、快いことなのであり、それが幸福なのである。魂のそのような平静は、過度の快楽を避け、倫理的に正しい生活を送り、肉体よりも魂をより多く配慮することによって、得られるだろう。「快活な人は、正しく法にかなう行為を追究し、夜も昼も上機嫌で、元気があり、憂いがない」（断片一七四）。「肉体よりも魂をより多く配慮することが人間にふさわしい。なぜなら、魂の完全さは肉体の悪を正すが、理性のない肉体の強さは魂をいかなる点においてもよりよくはしないからである」（断片一八七）。デモクリトスの倫理に流れる基調音は、合理的な精神と強い克己心である。そこにはソクラテスの倫理の中で燃えている理想への炎は感ぜられないが、しかし、冷静沈着な自律心がある。倫理のこの世における実質的な内容においては、両者は相互にきわめて近くにいた、と言うことができるだろう。

第7章 ソフィスト

1 ソフィスト出現の社会的背景

デモクラシーの成立と自由思想家の出現

紀元前五世紀の後半約六〇年間、アテナイはソフィスト運動の中心地であった。ペリクレス（Periklês, BC c.495–429）の庇護もあってギリシア各地から多数のソフィストがここに集まってきた。これには、社会的・政治的な背景がある。この頃アテナイは経済的繁栄とあいまって、文化的にも政治的にも地方的な一都市国家からギリシア全体を支配するアテナイ帝国へと移りつつあった。それは深い政治的・社会的変革の時代で、そこでは、かつてどのポリスにおいても見られたことがなかったほどの富の集積、知的・芸術的活動の昂揚が起こっていたのである。また、前五世紀の初頭よりアテナイの政治体制は徐々に民主化の方向をたどっていたが、この頃ついに完

図 7-1　現代のアテネ市街地　リュカベットス山を望む

全な民主主義と目される体制に至りついたのである。この民主制の基本原理は、すべての人間は自由で平等であるから、政治権力は少数の優れた者の手中にではなく、民衆全体の中にあるべきである、という思想にある。すなわち、アテナイの民主制において初めて、立法、行政、司法の諸権力の座が、特定の少数者にではなく、可能的にはすべての市民に開放されたのであった。

　こうして、有能な人物には政治の舞台で自由に活躍する可能性が開かれたが、ここに登場したのがソフィストである。かれらの提供した教育は初等教育ではない。それは、政治や公共生活に乗りだそうとする人々にとって有用な一種の高等教育であって、高度の人生観ないしは世界観の教授と呼ばれるべきものであった。したがって、かれらの教育の本質的部分が政治的弁論の技術、すなわち弁論術（rhētorikē）にあったことは当然であるが、それに関連してかれらの論じた問題の範囲の広大さには驚くべきものがある。すなわち、それは知識論、倫理的価値の基礎づけ、国家社会の成立根拠、神観念や宗教の成立の解明などにまで及んでいた。かれらは、理性の力によって既存の体制や慣習を批判し、宗教や道徳を問い直した古代における啓蒙思想家であり、哲学を自然の探求から人間の探求へと向け変え、次代の哲学を準備した先駆的な人々であったのである。

2 プロタゴラス

人間は万物の尺度である

ソフィストの中でもっとも傑出した人物はプロタゴラス（Protagoras, BC c.500–c.400）である。かれの有名な言葉に次の一句がある。「人間は万物の尺度である（pantôn metrcn ho anthrôpos）。在るものについてはそれが在ることの、在らぬものについてはそれが在らぬことの」（断片一）。この断片で、プロタゴラスは、人間が事物の存在や非存在の尺度である、と言っているのではなく、事物がどのように在るかという事物の在り方の尺度である、と言っているのである。プラトンの『テアイテトス』篇での説明によれば（一五二C）、同じ風がある人にとっては冷たく、別の人にとっては暖かく感ぜられる。つまり、冷たい風とか暖かい風とかいう、風の在り方は、風自体の在り方ではなくて、それを感覚している各人の知覚に依存している、ということだ。プロタゴラスのこの言葉でもっとも重要な点は、もしも事物の在り方がそれを知覚する人間の認識に相関的であるならば、認識する人間を離れて事物そのものの在り方を語ることは無意味になる、という相対主義もしくは人間中心主義の主張にあるのである。

それ故、プロタゴラスの立場では、真理とは客観的・絶対的なものではなく、各人に思われているものがそれぞれに真理である、ということになる。そうなると、前述の風の例から明らかなように、各人に現れているものは甲と乙とでは異なるから、真理は各人の間で異なっている、ということになるだろう。しかし、そうなると、誰の判断も等価となり、知者と愚者の区別も成り立たない、ということになる。それどころではない。人間にとって現れているものは人間にとって真であり、豚にとって現れているものは豚にとって真であるならば、人間の判断と豚の判断の優劣を語ることさえできなくなるだろう。これはプラトンに対するプラトンの批判の一論点であるが、相対主義の必然的帰結を衝いてもいる。これに対して、プロタゴラスはどう答えたであろうか。

「真か偽か」ではなく「有益か無益か」

プロタゴラスの言うには、誰の判断も真であるという点では等価であるが、しかし、よい判断と悪い判断があるという点で、知者と愚者の区別が成立する。たとえば、ある食物が病人には苦く現れ、健康人には甘く現れる場合、両方の現れは同じ資格で真であるが、しかし、健康人の方が体の具合がよいから、甘く現れる方がよいのである。それ故、苦く現れる状態を甘く現れる状態へ変えることがよいのであるが、それを為すのが医者である。それと同じく、植物に関しては農夫が、国家社会に関しては弁論家としてのソフィストが、より真なるものをではなく、より有益なるものを教えるという意味で、知者なのである。こういう意味で、人と人との間には知の優劣が存在するが、しかし、虚偽を思いなす者は一人もいないのだ、と（一六六D―七D）。このプロタゴラスの答は、真偽という点においてではなく、利害という点において判断にある種の客観的尺度を残し、相対主義の自己矛盾を逃れようとする試みであるが、果たして整合的な試みとして成立しうるかどうかは問題である。しかし、プロタゴラスの考え方にある種の説得力があることもまた確かである。

神に関する不可知論

同じ精神態度は次の断片の中にも見られる。「神々については、それらが（どのように）在るのか、（どのように）

在らぬのか、どのような姿形をしているのかを、私は知ることができない。なぜなら、この認識を妨げるものが多々あるのだから。すなわち、事柄の不明瞭さとか、人間の生の短さとか」（断片四）。ここで、プロタゴラスは神に関する認識について判断中止を主張している、と言える。なぜなら、神はわれわれ人間の感覚的経験の中に現れてこないのであり、したがって、その「在る」「在らぬ」については誰も確かなことは言えないからである。「事柄の不明瞭さ」とはそういう意味である。つまり、この問題においてもプロタゴラスは人間の認識能力を尺度にして「在る」「在らぬ」を語ろうとしているのであり、この場合には、神の存在というような超感覚的問題にこの能力が及ばないという抑制の態度を示しているのである。この点で対照的なのはクリティアス（Kritias, BC c.460-403）の無神論的な発言である。かれによれば、神とはある犀利《さいり》な賢者の発明品である。なぜなら、太古の人間社会では充分な法治制度や強力な警察権がいまだ成立していなかったため、人間の行為を内面的に制約する必要があった。そこで、悪人に対する一種の脅迫手段として神の存在が発明されたのである、と（断片二五）。しかし、このような断定はプロタゴラスの目には独断と映ったであろう。大衆にとってはプロタゴラスもクリティアスも同工異曲に見えたであろうが、実は、前者の抑制の利いた懐疑論と後者の野放図な無神論との間には大きな隔たりがあった、と言うべきである。

フュシス（自然）とノモス（約束）

ところで、紀元前五世紀の後半は、少なくとも知識階級の間では、価値基準の大きく動揺した時代であった。ソフィストたちは世界各地を旅行し、異民族においてそれぞれに道徳慣習の相違することを見聞して、道徳の相対性に関する意識を強めていた。そこで、そもそも道徳とは人間の自然（フュシス）に基づくのか、それとも約束（ノモス）に基づくのか、という問いが提起されたのである。この問いに対して、プラトンの『プロタゴラス』篇によれば、プロタゴラスは神話の形で次のような解答を与えた。人間は自然的な生存能力においては他のあらゆる動物よりも劣っている。人間には強い腕力もなく、速い脚力もなく、鋭い牙もなく、厚い毛皮もない。そこで、人間の滅亡を憂えたプロメテウスは人間に火と技術を与え、これによって人間は他の諸動物との生存競争に打ち勝つことができたのである、と。プロメテウス（Promêtheus）とは字義通りには「予め考える者」という意味のギリシア語である。そのことに思い至れば、それが人間理性の神話的表象であることは容易に推察できるだろう。つまり、プロタゴラスはまず人間の本性として理性を立て、これが人間の基本的な生存能力であると語ったわけである。だが、こうして技術を開発し外敵と戦う力を得た後においても、人間は共同体を形成する原理をいまだ知らなかったため、相互に争い続けて再び滅亡の危機に曝された。これを見てゼウスはヘルメスを呼び、人間に「他者への畏敬の念（aidôs）」と「正義の感覚（dikê）」を与えよ、と命ずる。そして、もしこの二つのものに与《あずか》ることのできない人間がいたならば、その者は共同体に対する病毒として抹殺すべし、と付言するのである。

さて、神話のこの後半部分については二様の解釈がある。一つは、神話を文字通りに受け取って、道徳がゼウスによって与えられたいわば天与の原理である、と理解する解釈である。しかし、この解釈は、プロタゴラスが神に関して不可知論者であったという事実、また、神話に続いて展開される徳に関する教育論、と調和しない。それに、道徳感覚を欠如した病毒的人間の存在可能性も認められている。そこで、この神話は次のように解さなければならないだろう。まず、道徳が人間の原始的本性の中にはなかった、ということである。神話の前半部が語りたいことは、人間と他の動物たちとを区別する原初的な特性は道具的理性であった、ということだ。しかし、道具的理性による技術の開発だけでは人間は生存を維持できない。人間は生きてゆくためには共同の努力を必要とするからである。そこで、共同体結成への試行錯誤がくり返されたが、その過程で人類はしばしば滅亡の危機に直面したであろう。絶え間のない争いによって大勢の人間が滅亡し、わずかな人間だけが生き残ったのかもしれない。こうして、苛酷な体験の果てに人間は他者と共存する原理として道徳を後天的に獲得したのである。したがって、道徳は人間の自然に基づくものではなく、約束事である。人間の自然は自己保存を起動力とする利己的な、凶悪なものであり、この自然よりもそれを馴致する約束事の方が価値高きものなのである。社会生活を営まなければ滅亡してしまう人間にとって、たどるべき道は自然の道ではなくて、約束の道である。プロタゴラス以外のソフィストのうちには、道徳は約束事であるから絶対的規制力はもたず、人は欲望的自然に従って生きるべきだ、と説いた人々もいた。これに対し、プロタゴラスは欲望的自然を矯《た》め直す約束の力のうちにこそ人間の人間たる所以がある、と説いたわけであり、ここに、芯の強い、抑制の利いた、経験的合理主義者プロタゴラスの躍如たる面目がある。

3　ゴルギアス

万能の弁論術

ゴルギアス（Gorgias, BC c.484–c.375）は主として弁論術の教師であった。かれは『弁論の技術』という書物を著し、その中に沢山のモデル弁論を展示して、それらを弟子たちに暗記させたらしいが、「ヘレネ賛歌」と「パラメデス弁護」はそういうモデル弁論の残存した部分と推定されている。ゴルギアスによれば、弁論術はあらゆる技術を凌駕する最善の技術である。なぜなら、弁論術はあらゆるものを、暴力によってではなく、自発的な服従によって、自分の奴隷にしてしまうからである（『ゴルギアス』四五六B―C）。弁論術は、現代においては、古代ギリシアにおけるほど、われわれの人生で大きな役割を果たしてはいないかもしれないが、古代ギリシアでは成功とはまずもって政治ないしは法廷の世界における成功であり、その成功のための武器は説得の技術としての弁論術であったのである。だから、ギリシア人は政治的成功のために弁論術の教師を求めたのであり、その教師がギリシア各地からアテナイへと集まったソフィストたちであったのだ。かれらにとってペイトー（説得）は強力な女神であった。アイスキュロスによれば、「かの女は相手がなにものであれ、有無を言わさずに魅了する誘惑者であり」（『嘆願する女たち』一〇三九―四〇）、イソクラテスによれば、アテナイ人は毎年この女神に犠牲を捧げるのが習わしであったという。こういう時代的背景を背にして、ゴルギアスは「ヘレネ賛歌」の中でこう言ったのである。言論と説得は二つの抵抗し難い力である。逃亡へと説得したアレクサンドロスは悪を為したのだが、説得されたヘレネは言葉の強制の下で不倫へと誘われたのだから、非難されえない。かの女は無力な犠牲者であり、憐れみにこそ値するとはいえ、憎しみや断罪の的ではないのだ、と。ここで、ゴルギアスの言っていることは、どんないかがわしい行為にも、それを弁護する議論を立てることができるということであり、そこに弁論術の力がある、ということに他ならない。

同様に、プロタゴラスは、どんな論題についてでも相反する二つの議論が成立すると言い、弟子たちに同じ事柄を賞賛すると同時に非難する議論を立てうるよう訓練したという。このような考え方の認識論的な前提はなんであろうか。それは、すべての真理が相対的である、という前提である。真理は普遍的で恒久的なのではなくて、個人的で一時的である。なぜなら、ある人にとっての真理とは、かれが説得された事柄であり、どんな人にどんなことを説得することも技術さえあれば可能であるからである。これが、「私に現れるものは私にとって在り、君に現れるものは君にとって在り、誰も他人の思いを論駁することはできない」というプロタゴラスの例の相対主義的真理論の含意する、弁論術における帰結に他ならなかったのである。

『非存在もしくは自然について』

この書物は残存してはいないが、アリストテレスとセクストスの言及からその議論を推定することができる。この書物でゴルギアスは三つのことを証明しようとした。すなわち、(一) なにものも存在しない、(二) たとえ存在したとしても、人には理解できない、(三) たとえ誰かに理解できたとしても、他人に伝達できない。これはなにかのパロディーであろうか。それとも、哲学への真面目な寄与であろうか。多分、その両方である。ゴルギアスは、「ある」と「あらぬ」だけから議論を出発させるパルメニデスの論理の不条理を示そうとしたのだが、このことは常識にとっても弁論術にとっても非常に重要であった。ゴルギアスは、日常誰でもが認めている事物の存在を否定しようなどとは、露ほども思っていない。かれの議論の目的は、パルメニデスが用いたような議論を用いれば、「ある」と同様に「あらない」を証明することも簡単だ、ということを示す点にある。パルメニデスの議論のこの転倒は、「相手の真面目さを笑いによって、相手の笑いを真面目さによって打ち倒す」(断片一二) ゴルギアスの弁論の技術を地でゆくもの、と言えるだろう。

さて、ギリシア語の動詞 (einai) は、主語と述語とを結び付ける繋辞《けいじ》としての「である」と存在を意味する「がある」の両方を含意しているが、パルメニデスの主張はこのことに基づいて成立している。ゴルギアスも「ある」のこの両義性を利用してパロディーを作り上げてゆくのだが、以下、主な議論をいくつか紹介することにしよう。
（一）「なにものも存在しない」。もしも、なにかが存在するとすれば、それは、存在するものか、存在しないものか、それとも、その両者か、のいずれかである。まず、存在しないものは存在しない。これは自明のことだ。だが、ゴルギアスは威厳をこめて超パルメニデス風にこう議論するのである。それが「非存在」として考えられる限り、それはあらない。しかし、それが「非存在」である限り、それはある。しかし、同時に「あり」かつ「あらない」ことは不条理である。それ故、非存在は存在しない。この議論のポイントは「ある」が常に「存在する」の意味をもつならば、「非存在」もまた存在することになり、「非存在にしてかつ存在」という自己矛盾が生起する、という点にある。
では、次の「存在するもの」についてはどうか。「存在するものもまた存在しない」のである。なぜなら、もしもそれが存在するとすれば、それは永遠的であるか生成したものであるか、そのどちらかである。まず、存在するものは永遠的ではありえない。なぜなら、無限なるものは存在しえないからだ。この議論は、時間的な無限性（永遠性）と空間的な無限性とを同一視することによって成立しているのだが、それは、エレア学派のメリッソスがそういう議論をしていたからである――「存在は生じたのではないから、現に在り、常に在ったし、常に在るだろう。それは始めも終わりももたず、無限である」（断片二）――。無限なものはなぜ存在しえないか、と言えば、存在するものは必ず形をもたなければならないからである。形相（eidos）をもつことによって、存在者は存在者として成立する。これはアリストテレスの『自然学』において充分に展開された議論で、ここからアリストテレスは宇宙の有限性を帰結したのだが、この議論の趣旨をゴルギアスはここで、時間的無限性を空間的無限性とすり替えることによって、先取りしているのである。では、もう一つの選択肢「存在するものは生成したものではありえない」はどうか。これについては、ゴルギアスはパルメニデスの議論をそのまま利用している。それは、第6章第2節で詳しく論じたところなのでここではくり返さないが、「存在するもの」は「存在するもの」からも「存在しないもの」からも生じえないということである。

第二番目のテーゼ、「たとえなにかが存在するとしても、人間はそれを知ることも考えることもできない」は省略して、第三番目のテーゼに移る。

(三)「たとえなにかを知ることができても、それを他人に伝えることはできない」。それぞれの感覚は自分に固有の対象をもっていて、他の感覚の対象を弁別できない。感覚の対象とは、視覚の対象、聴覚の対象、味覚の対象、等々である。ところが、われわれの伝達の手段は言語であり、言語はこれらの諸感覚とは異なっている。それ故、ちょうど、視覚はメロディーを弁別できず、聴覚は色彩を弁別できないように、言葉は色も音もわれわれの外部にある対象も弁別できないのである。したがって、色も音も事物も、われわれの言葉になりえないものならば、他者に伝達されることもできないのである。ゴルギアスはさらにこういう議論を付け加えている。話者と聴者は同じものを心の中にもつことはできない。なぜなら、同じものは、その自己同一性を失わずに、一人以上の人々のうちに現前することはできないからである、と。ここで、ゴルギアスが言っていることは、人間は果たしてソリプシズム(独我論)を脱却できるか、という現代哲学においてもホットに議論されている問題に他ならない。おそらく、論理的には、それを脱却できる道はないだろう。だから、現実においては、実践的な視点から人と人とのコミュニケーションの可能性は基礎づけられているのである。しかし、いずれにしても、ゴルギアスはここで単なる詭弁ではない真正な懐疑論の論点を提出している、と言ってよいであろう。

4　トラシュマコス

「正義とは強者の利益である」

トラシュマコス（Thrasymachos, BC 5-4C）はメガラの植民都市であるカルケドンの出身である。かれは自殺によって人生を終結したらしい、という朧げなヒントがあるが、確かなことは解らない。かれもまた主として弁論術の教師であった。かれは自分の教育に授業料を要求した正真正銘のソフィストで、諸国を旅行し、弁論術のみならず倫理的問題についても教授した。正義についての彼の理論は広く知られていたらしく、『国家』篇での討論では、かれはソクラテスにまで授業料を要求している。

『国家』篇のテーマは正義であるが、その第一巻でトラシュマコスとソクラテスの世紀の死闘が展開される。トラシュマコスの主張は、「正義とは強者の利益に他ならない」というものである。その国がどのような政治体制をとっているにせよ、支配権力は自己の利益を目指して法律を制定する。そうしておいて、かれらはその法律が民衆にとっての正義であると宣言し、その法律から逸脱する者を犯罪者として処罰するのだが、実は、その法律とは支配者自身にとっての利益なのである。あらゆる国において、支配体制を利するものが正義である。これがトラシュマコスの主張であった。

この主張に対してソクラテスはこう反論する。あらゆる技術は、厳密に言えば、技術者自身を益するものではなく、技術の対象を益するものである。たとえば、医術は医者を益するのではなくて、患者の身体を益するのであり、調教術は調教師を益するのではなくて馬を益するのだ。もちろん、医者は医術によって金儲けをするだろうが、それは医術の働きそのものとは関係のない付随的な利益である。医術は、本来、どこまでも、病人の健康の回復を目指す技術なのである。それ故、政治術は政治家ではなくて、政治の対象である民衆の利益を目指さなければならない。

このソクラテスの反論に対してトラシュマコスは、「お前はなんというお人好しの世間知らずか」と嘲笑する。羊飼いが羊の健康に気を配り、羊を肥らせようとするのが、羊自身のためだと思っているのか。それは、みな、そこから最終的な利益を引き出す主人のためではないか。それ故、正義とは搾取される弱者にとっては他人の利益に奉仕することであり、搾取する強者にとっては自分自身の利益になることである。この間の事情は、最大の成功者である独裁者（タイラント）を見ればよく解る。独裁者はひとたび権力を手中にすれば、合法的に略奪し、強奪し、虐殺し、あらゆる聖なるものを踏みにじるのだが、けちなコソ泥や人殺しならばたちどころに逮捕されて処罰されてしまうのに、かれは自分が奴隷化した民衆の賞賛を浴びて、銅像なども建てられて、神のごとくに崇拝されるのである。

さて、このトラシュマコスの主張は再びソクラテスの反駁的対話（エレンコス）によって批判され、この反論と再反論のやりとりは結論を見ないまま中絶するのだが、その議論の委細にはもはや立ち入らない。ここで、以下に一言したいことは、このトラシュマコスの思想が一人の極端な思想家の思いつきではなく、時代の思想的な状況を反映していた、という点である。ペロポネソス戦争の間にアテナイはメロス島民の大虐殺を行ったが、そのときのアテナイ側の言い分にはトラシュマコスの主張にきわめて近いものがある。「諸君は神明の計らいを頼りにしているが、われわれが正義と考えているものは、宗教的な信仰にも人間社会の欲求にも食い違うものではない。すなわち、人間も神もともに自然の必然（physis anagkaia）に基づいた法則につき従っている。その法則とは、強者が弱者を支配する（hou an kratei, archein）、というものだ」（ツキジデス『歴史』第五巻一〇五）。ここには、ツキジデスが第三巻で剝き出しに語った価値の逆転がある。すなわち、醜悪な行為が美しい言葉の衣装をまとい、美しい行為が醜悪な言葉によって貶められる、という状況である。トラシュマコスの怒りは、この偽善を暴き、正義の意味が倒錯して用いられていることを示す点にあった、と見ることもできるだろう。人間たちも諸国家も、あたかも、強者がただ力をもつが故に自分の道を押し通し、弱者を押さえつけることが正義であるかのように、行為している。それは、紀元前五世紀のギリシアにおいても現代においても、同じことだ。シケリア人のヘルモクラテスは侵略してくるアテナイ人についてこう言ったのである。「アテナイ人がかれらの拡張欲のために次々と手を打ってくるのは当然だ。私は支配欲に燃えている者を非難しようとは思わない。私が非難するのは、易々として隷従に甘んじようとする者だ。なぜなら、無抵抗な者を支配するのは（archein tou eikontos）人間の普遍的な本性であるからだ」（第四巻六一）。以上が、トラシュマコスの生存時に、ペリクレスを始めとするアテナイの政治家たちが抱いていた思想であり、その政策原理であったのである。アテナイもギリシアも、やがて、その驕慢な帝国主義の故に滅亡し、再び立ち上がることはできなかった。だから、トラシュマコスは滅亡の思想の代弁者であったのである。この滅亡の思想はどのようにして乗りこえられうるであろうか。それがソクラテスの課題であった。

第8章 ソクラテス

1 謎の人ソクラテス

一文字も書き残さなかった人

ソクラテス（Sokratês, BC 470–399）は一文字も書き残さなかった。したがって、ソクラテスについて語られていることは、すべて他人の筆による間接的伝達を基礎にしている。すなわち、他人の主観的了解というプリズムを通過した七色のソクラテス像が現れてくるのである。たとえば、ソクラテスについてわれわれに主な資料を残してくれた人々は、プラトン、クセノフォン、アリストファネス、アリストテレスの四人であるが、かれらの描くソクラテス像は共通している面もあるが、相互に天地の違いを示すことも多い。そこで、歴史的なソクラテスについては、「前三九九年に刑死した」という事実以外には、なに一つ確実なことは知りえない、という過激な説をなす学者もいた。その立論の根拠は、いわゆるソクラテス文書と呼ばれているものはすべて虚構をこととする文芸作品に他ならない、という点にあった。換言すれば、ソクラテスについての描写は、かれを擁護しようとする弟子たちやかれを貶めようとする反対者たちの主観を通して行われているので、どうしても歪曲されているばかりではなく、始めからかれらが自分の想いをソクラテスに仮託して表白するための文学作品であった、というのである。

図 8-1　ソクラテス

了解における主観性の意味

しかし、ここで考えてみよう。もっとも客観的であるべき歴史記述でさえ、資料の選択や出来事の再構成において、記述者の主観的観点をまったく避けることはできない。すなわち、歴史的出来事の真実にさえわれわれは主観的了解を媒介にして接近せざるをえないのである。ところが、ことは哲学である。とりわけ、ソクラテスの哲学が心の問題を主題にする以上は、ソクラテスに接した人々がかれの話を自分の心でどう受け止めたかによって、すなわち、その理解の深浅によって、異なるソクラテス像を生み出したことは当然のことである。この四人は、それぞれに異なった能力と性格をもち、異なった人生観をもっていたので、それに応じてソクラテスに反応したのである。もし、万一、かれらが同一のソクラテス像を残していたとしたならば、そのときこそ、われわれは虚構に面していることを危惧せねばならないであろう。なぜなら、そのときには、かれらがみな同じような考え方の人間であったという不可能事を仮定せねばならないか、あるいは、美化にせよ劣悪化にせよ画一化の改竄《かいざん》を想定せねばならないからである。それ故、本当の問題はどの主観的了解がソクラテスの真実にもっとも迫っているかを、評価し判断することである、と言えるであろう。

ソクラテスの多面性

しかし、歴史的なソクラテスの実像に関しては、以上に述べたような一般論とは次元の異なる、特別の問題次元がある。それは、ソクラテスという人物がかれの生存時においてすでにその実像を把握しかねる謎の人物であった、という点である。かれと接触したアテナイの人々は、かれを、一方ではクセノフォン(Xenophôn, BC c.430–c.354)のように、くそ真面目な道徳家として理解し、他方では、アリストファネス(Aristophanês, BC c.445–c.385)が描いたような、詭弁を弄するソフィストとして理解し、さらには、ソクラテスを告発したアニュトスやメレトスのように、青年を腐敗させ国家社会を転覆しかねない無神の思想家として理解したのである。あるいは、ここでソクラテスの死後に簇生《そうせい》した小ソクラテス学派の多様性に目を向けてみるのがよいかもしれない。そこには、エピクロス学派の源流となった快楽主義者アリスティッポス(Aristippos, BC 435–c.350)がおり、ストア学派の源流となった禁欲主義者アンティステネス(Antisthenês, BC c.455–c.360)がおり、メガラ学派を開いた論理家エウクレイデス(Eukleidês, BC c.450–c.380)がおり、そして、プラトンがいたのである。かれの弟子たちは、快楽主義から禁欲主義に至るまでの極大の振幅の中でさまざまの哲学流派を形成し、おのおのがソクラテスの真髄を継承したと称したのであった。

否定の精神

だが、ソクラテスの、この変幻自在は理由のないことではない。その理由とは、一言でいえば、ソクラテスが否定の精神であったということだ。ソクラテスはその哲学活動である反駁的対話において絶えず対話相手の保持する臆見（ドクサ）の破壊に従事しているが、この否定の矛先はつねに同時に自己自身にも向けられ、絶えざる自己否定、自己超克、すなわち、いわゆる無知の自覚を結果していた。したがって、ソクラテス自身が、ソクラテスの思想というようなものを語ることを、ある意味では禁じている、と理解しなければならないであろう。だから、ソクラテスについて語るさまざまの資料からなにか固定的な教説をソクラテスの思想として取り出すとすれば、それは、おそらくは、自己否定に徹するソクラテスの精神に本来矛盾する営みに落ち込む恐れさえある。なぜなら、書かれた言葉は、書かれたということによってすでに固定化しているからである。それ故、知性の巨人族にも譬《たと》えられうるソフィストたちとの戦いの中で火花を散らした「この生きている否定の精神」に、戦場に残された戦いの痕跡としての書かれた言葉を通して、どこまで接近できるかが、後代のわれわれの努力目標でありうるだろう。ソクラテス自身が、プラトンの口を通して「書かれた言葉は、生きている、魂をもった言葉の影（エイドーロン）にすぎない」と言っているのであるから。そして、この生きている自己超克の精神に出会いうる道はただ一つ、われわれ自身がソクラテスと対話することを措いてほかにはない。

2 デルフォイの神託

神託の謎

ソクラテスはあるとき、デルフォイの神託所より「ソクラテス以上の賢者はいない」という託宣を受けた。この神託に直面してソクラテスはこう自問する。「いったい、神はなにを言おうとしておられるのか。なんの謎をかけておられるのか。なぜなら、私は自分が知恵のある者ではないことを自覚しているのだから」（『ソクラテスの弁明』二一B）。もちろん、ソクラテスは神を信ずることの篤い人で、その信仰にはオリュムポスの神々をそのままに崇拝する世間並みの神観念に対する批判的な意識があったにもせよ、とにかく、普通のギリシア人と同様にアポロンも信じ、デルフォイの神託も信じていたのである。そこで、この謎を解くことが神から自分に課せられた天職である、とソクラテスは理解した。なぜなら、神は決して偽りを言うはずがないのだから、無知なる者ソクラテスを「最高の賢者」と語るこの一見矛盾的な神託のうちには、なにか深い意味が隠されているに違いないからである。こうして、思い悩んだ末に、かれは世に賢明の誉れ高い人々を歴訪し、かれらから賢さを学ぶことにより、この謎の意味を解こうとしたのであった。この対話活動の開始がかれの哲学の出発点であり、また、かれを

図 8-2　デルフォイの神殿奥所　巫女がこの大地に接吻して，アポロンの予言を発声した

死罪にまで逐《お》い込む運命の第一歩であった。さて、対話活動の結果、やがてかれが発見したことは、かれらは自分でもそう思い他人にもそう思われているが、事実は少しも賢くないということであった。すなわち、この謎によって神アポロンが教えようとしたことは、「人間の知恵が無に等しい」ということ、「ソクラテスのように自己の無知を自覚することが人間の賢さである」ということだったのである。

図 8-3　ソクラテスの死　ジャック・ルイ・ダヴィド作，1787 年

「善」の探究

では、「知恵」という名のもとにソクラテスが問題にしていた事柄はなんであったか。それは、人間の生き方についての知恵、「いかに生きるべきか」という問いに対する真実の解答、さらに一般化して言えば、価値についての認識である。『パイドン』篇でソクラテスは自分の知的遍歴を語っているが、それによれば、かれもまた若い頃は自然学に熱中したそうである。それは、自然学者が事物の生成消滅の真の原因を教えてくれる、と信じたからである。だが、ソクラテスがかれらの説明の中に見出したものは、事物が事実かくかくの状態にあることの記述であって、何故そうであるのかということの理由ではなかった。たとえば、ソクラテスが牢獄の中に座っていて逃亡しないことを、かれらは、骨と腱がかくかくの状態にあるから、などと説明するのである。だが、本当の理由は、ソクラテスが、いかなる判決であるにせよ、国法に則って下された判決に従うことが正しいと考えているからなのである（『パイドン』九八E）。つまり、ソクラテ

スの今の存在の仕方を決めている本当の理由は、ソクラテスの思想なのである。宇宙の秩序についても同様である。かれらはただ渦巻きとか相互作用とかについて語るだけで、宇宙をこのような秩序のうちに統括している「善」なる力については思ってもみないのであった。そこで、ソクラテスは自然学に絶望し、人々との反駁的対話というロゴスの道によって「善」の探究へ向かったという。もちろん、自然学に対するソクラテスの期待は過大であり、また、いささか筋違いである、と言えるかもしれない。だが、あらゆる知識の根底に「善」についての認識がなければならないというソクラテスの考えは、いわば、理論理性に対する実践理性の優位を主張する革命的な思考の転換であった。それは、ひたすら自己の外なる自然界のみを眺めていた理性が、一八〇度向きを変えて自己自身を眺め始めた一瞬であり、これによって、「哲学は天空から人間界へ呼び降ろされ」(キケロ『トゥスクルム論叢』第五巻四の一〇)、人生と善悪が本来的に問題とされることが可能になったのである。

馬を刺す虻

こうして、ソクラテスは賢者の誉れ高い人々にばかりではなく、アテナイの街角で出会うあらゆる人々に、若者にも老人にも、「善とはなにか」という問題を問いかけた。それは、さしあたり、「人間の生において善をなす能力としての徳」の探究として始まり、ソクラテスにおいてはその範囲を越えることはなかった。——善の探究が、究極根拠としての「善のイデア」の探究へと深化し、さらには、宇宙論にまで拡大されたのは、師の意図を継承した弟子のプラトンにおいてである。——ソクラテスはこう呼びかけた。「アテナイ人諸君、私は息の続くかぎり、また、私にできるかぎり、決して知を愛し求めることを止めないだろう。……世にも優れた人よ、君は知恵と力において偉大な国の市民でありながら、ただ財産をできるだけ多くすることにだけ気を使って、恥ずかしくはないのか。評判や地位のことばかり気にして、……魂をできるだけ優れた善いものにするようにとは心を用いないのか」(『ソクラテスの弁明』二九E)。ソクラテスは、自分はアテナイという大きくて高貴な馬に神によって付けられた一匹の虻である、と言う。馬が眠り込まないように、かれは刺す。すなわち、あらゆる人々に「自分自身の魂を配慮せよ」と呼びかけるのである。かれは、つねづね「吟味なき生は生きるに値しない」と言っていたが、その吟味とは、魂をより善きものにするための配慮、すなわち、徳についての省察とそこから自ずと帰結する人格の変容、のことであったのである。

3 反駁的対話

それでは、この知恵の探究、善の探究、魂の配慮をソクラテスはどのようにして行ったか。書斎における孤独な瞑想によってか。そうではない。公共の広場における公開の討論によってである。ここには、哲学があくまでもロゴスの活動であること、しかも、それは孤独な主観の働きではなく、多くの人々の目の前での、一対一の対話によるロゴスの共同活動であることが、すでに示されている。それに、自ら知恵のないことを自覚しているソクラテスは、他人と対話する以外に、いかにして知恵に到達しうるであろうか。

反駁的対話の論理構造

さて、主題はいつでも正義、節制、勇気、知恵などの徳である。対話は次のように進む。いま、かりに主題となる徳をXとすれば、まずソクラテスは対話の相手に「Xとはなにか」と問いかける。この「Xとはなにか」という問いが定義への問いであり、本質への問いなのである。すると、相手は「XとはPである」と答える。この答の含む含蓄は対話の過程で論理的にいろいろと引き出されてくるが、やがて、ソクラテスは相手にQなる命題を承認させることになる。このQなる命題は、多くの場合、ソクラテス自身もそれが真であることを信じ、かれに促された対話の相手もそれを否定することなどは思いも及ばないような、それほどにも自明な命題として提出されてくるのである。すると、どういうことが起こるか。Qから￢P（Pではない）という命題が引き出されてくるのである。すなわち、相手はP・￢P（Pであり、かつPでない）という自己矛盾した命題を抱いていたことになり、ここで相手の主張が反駁されるのである。対話は、一般に、このプロセスの反復として進行する。それ故、二番目に提出される定義は、最初の定義の欠陥を克服したものであるので、よりよい定義ではあるが、しかし、それもまた欠陥を露呈して挫折する。こうして、すべての対話が答のない状態で中断され、ソクラテスも対話の相手も無知の闇の中に置き去りにされるのである。

精神の助産婦

では、この反駁的対話活動の中でいったいなにが起こっているのか。まず、ソクラテスが、無知であることを自称しながら、まったくなにも知らないのではない、ということは明らかである。なぜなら、ソクラテスはQなる命題を真として相手に認めさせたのであるから。いや、実は、ソクラテスは多くの倫理的命題を真なるものとして受け入れているのである。そうでなければ、相手の主張する倫理的命題を反駁することなどできるはずもない。では、ソクラテスはなぜ自分は無知であると言うのか。それは、倫理的真理に関するこれらの断片的知識の究極の根拠を知らないからである。あるいは、これらの断片的知識の相互連関を見透して、全体を体系化できないからである。「徳のなにであるか」すなわち「徳の定義」は、究極の根拠もしくは体系化された全体からしか、答えられない問いである。他方、対話の相手について言えば、かれらはソクラテスの促しによって、断片的であるにもせよ、倫理的真理の一片を承認したのであるから、それらの真理は無自覚な形ではもともとかれらの中に内在していたに違いない。すなわち、ソクラテスは、根拠付け、体系化することはできないにしても、いわば人間のうちに普遍的に内在しながら眠っている倫理的真理の断片を明るみへともたらす、助産婦の作業をしているのである。助産婦はかれの母の職業であったが、この精神の助産婦が、神からかれに与えられた仕事であったのである（『弁明』三〇A）。

4　正　義

問題の状況

『クリトン』篇は死刑の宣告を受けて牢獄に繋がれているソクラテスのもとへ、処刑も間近いとある払暁《ふつぎょう》に老友クリトンが訪れ、脱獄を勧めるところから始まる。クリトンはすでにあらゆる方面に打つべき手は打ってあり、ソクラテスがその気にさえなれば、万事は支障なく進行するはずであった。クリトンが言うには、ここでソクラテスに死なれれば、かれとその仲間たちはかけがえのない友を失うことになるのだが、このことについては、かれらが払うべき努力を怠って（必要な金銭を出し惜しんで）助けうる命をむざむざ見殺しにしてしまったからだ、と世間に噂されるだろう。そして、事実は、かれらが熱心に助命の努力をしたにもかかわらず、ソクラテス自身が牢獄から出ることを望まなかったのだ、と言っても、そんなことを信じる人は世間に一人もいないだろう、と。

だから、なんでもよいから私（クリトン）の言う通りに行動してほしい。クリトンは買収による脱獄を勧めているのである。クリトンにとってその程度の金はものの数ではなかったし、また、そのためにテーバイからはシミアスやケベスらが、そのほかにも大勢の人々が充分の金を用意して駆けつけている、とも付言されている。

さて、このクリトンの説得は、ソクラテスをなんとしてでも助けなければ世間の手前自分たちの顔が立たない、という一見はなはだ次元の低い説得のように見える。しかし、事実は、クリトンが自分の面目のためにソクラテスを助けようとしている、ということではない。なぜなら、ソクラテスが罪なきままに処刑されようとしていること、しかし、そこに至るまでのプロセスにおいて、ソクラテスを助けうる力をもつ人々が大勢いたのに、ソクラテス側の対処が世間の人々には勇気の欠如と思われるほど無能であったこと、さらに、ソクラテス自身の言動がかれを破滅させようとしている人々の罠に自ら嵌まろうとするかの如き振舞いであったこと、これらすべての点からみて、この事件はソクラテス自身をも含めてソクラテス側の人々にとって一つの災難であるに止まらず、むしろ恥辱でもある可能性があったからである。

「不正には報復せよ」という常識

それだから、クリトンはソクラテスに対してこう言うのである。「君の行動は正しくない。君は一生を通して徳に留意すべきことを語ってきたのだから、勇気ある善き男が選ぶようなことを選ばなければならない」（『クリトン』四五D六―八）。すなわち、クリトン自身をも含めて世間の人々の目から見れば、脱獄は、不正の死刑宣告という恥辱を濯《すす》ぐ当然の反撃なのであり、むしろある意味では勇気ある有徳の行為なのである。そして、この見方の根底にあるのが「友の利益を計り敵に損害を与えよ」という原則に他ならない。この原則はギリシア人に

（そして、おそらくは人類に）古くから信奉されている正義観の一つであるが、クリトンはこの原則に従ってソクラテスに脱獄を勧めているのである。この原則は、世間では、だれもそれに疑いを差し挟まないほど自明のものと受け取られている。この原則の常識に従えば、ソクラテスは不正な裁判の被害者なのであるから、泣き寝入りして処刑されてしまうのは怯懦《きょうだ》の振舞いであり、不正への報復としての脱獄は当然の権利であるばかりではなく、むしろ義務でさえある、と言える。そして、クリトンの説得を斥けて、世間の思惑に従うべきではないと説くソクラテスは、すでに、この常識的正義を超えたところに本来の正義を見ているのである。

ロゴスによる基礎付け

それでは、クリトンの説得、あるいは、「目には目を」という広く大衆に是認された報復の原理に基づく説得に対して、ソクラテスはどのような反論を提出するのであろうか。かれはまず次のように言う。「僕は、今初めてというのではなくて、常に、自分でよく考えてみて最善だと思われるような言論（ロゴス）以外のなにものにも従わないような人間なのだから、これまでずっと語ってきた言論を、今僕にこのような災難が降りかかってきたからといって、投げ棄てることはできないのだ」（四六B四―八）。このソクラテスの言葉は、かれがロゴスによる基礎付けを究極根拠として生きてきたことを物語っている。その基礎付けとは煎じ詰めれば反駁的対話であり、「最善のロゴス」とは充分に反駁的対話に耐え抜いたロゴスということであるが、いったん正当なプロセスを経て到達された結論は、たとえ普通の人間的感情からすれば投げ棄ててしまいたいような状況――たとえば、目前に迫っている死刑の脅迫――が生起しても、決してこれを放棄することはないということである。

復讐の禁止

では、この場合、その最善のロゴスとはどのようなものであろうか。ソクラテスはクリトンに対してこう言っている。「ソ――それなら、また、次のロゴスがわれわれにとって依然として不動であるか否かを考えてくれたまえ。つまり、もっとも大切にしなければならないのは、生きていることではなくて、善く生きることである、というロゴスのことだ。ク――それは、もちろん、不動だ。ソ――ところで、「善く」と「美しく」と「正しく」とは同じだというロゴスはどうだ。これは不動なのか、それとも動くのか。ク――動かないよ」（四八B四）。この対話の中に、人間の生の究極の意味についてのソクラテスの洞察は打ち下ろされている。すなわち、ただ生きること、なんの目的も理想もなく、なんの意味付けもなしに、動物のように衝動のままに、あるいは植物のように無意識の状態で、ただ生き続けることは人間の生ではない。人間の生は「人間らしい生」でなければならず、それが「善く生きる」ということに他ならない。その「善さ」もしくは「人間らしさ」を、ソクラテスはここで「美しく」と言い換え、これをさらに「正しく」と言い換えている。すなわち、人間の生についてのソクラテスの根本的洞察とは、人間を人間たらしめている根本的特徴はその倫理性にある、という洞察なのだ。その余のあらゆる人間の生の意味付けはこの倫理性という土台に支えられて始めて成立する。

では、「正しく生きることが、もっとも大切なことである」という大原則から、いかなる帰結が出てくるか。「ソ――さて、僕たちの主張は、いかなる仕方ででも意図的に不正を犯してはならない、ということか。それとも、ある場合には不正を犯すべきだが、他の場合には犯してはならない、ということなのか。どちらなのだ。いや、むしろ、これまでにも度々われわれが同意していたように、不正を犯すことは善くもなければ美しくもない、ということではないのか。……そして、大衆が賛成しようが、反対しようが、また、われわれが現在受けている苦しみよりももっと酷い苦しみを受けねばならないとしても、そんなことには関わりなく、不正を犯すことはいかなる仕方においてでも不正行為者にとって悪であり醜であるのではないか。われわれはこう主張するのかしないのか。ク――主張する。ソ――それなら、決して不正を犯してはならないのだ。ク――むろん、そうだ。ソ――しからば、不正を加えられても、世の多くの人々が考えているように、不正の仕返しをしてはならないのだ。ク――それは明白だ。……ソ――しからば、いかなる人に対しても、仕返しに不正をなしてもならないし、害悪を加えてもならない。たとえ、かれらからどんな仕打ちを蒙っても」（四九A四―C一一）。

ソクラテスとクリトンのこの対話のうちに、ソクラテスの正義論の骨格とその驚くべき革新性が示されている。今、この正義論の詳しい哲学的基礎付けについては、省略せざるをえないが（拙著『ソクラテス』一四六―一五四頁参照）、最後に一言しておきたいことは、この思想によってソクラテスがギリシア人の伝統的倫理の根幹を切り倒していることである。ギリシア人の倫理では、「敵（加害者）を徹底的に害すること」は、許されていたのではなくて、賛美されていたのである。たとえば、「徳がなんであるかを私は知らない」と言うソクラテスに対して、メノンはこう返答している。「徳がなんであるかを言うことは、ソクラテスさん、難しいことではありませんよ。まず、男の徳がなんであるかとお訊ねならば、それを言うのはわけもないこと、すなわち、国家の事柄に従事する充分の能力をもち、その際に、味方には善を為すが敵には害を加え、そして、自分自身はこのようなことをなにも蒙らないように用心するだけの能力をもつこと、これが男の徳なのです」（『メノン』七一E一―五）。同種の発言は他にも多数見出されるが、この正義観はいわば等価原理を基礎にして成立しているもので、その意味で、ギリシア人の中だけではなくて、広く人類の中で、ほとんど自明的な妥当性をもっていたし、現在世界中で勃発している民族紛争の現状を見れば明らかなように、今でももっていると言えるだろう。正当な報復としての復讐を是認するこのような伝統的正義観に対して、それを超克する思想を語ったのは、筆者の知るかぎり、ヨーロッパでは、イエスを別にすれば、ソクラテスだけであり、そこにかれの思想の決定的な飛躍と時代との断絶があったのである。

5　ダイモニオン

制止の力

ソクラテスはしばしば、「なにか神的なもの」あるいは「ダイモン的なもの」がかれを訪れた、と言っている。それは、幼少のときから始まり、一種の声としてかれを襲った。そして、かれがまさに為そうとしていることを押し止め、決してなにかを為せと命ずることはなかった、という。かれのこの報告から、いくつかのことが解る。まず、かれが to daimonion と言っていることの意味である。このギリシア語は「ダイモン的な」という意味の形容詞 daimonios の中性形の名詞化で、端的に「ダイモン」と言うより内容的に不定のニュアンスを表している。このことは「なにか神的なもの」という言い換えによっても表されている。つまり、ソクラテスには超越的な力が生涯にわたり臨んでいたが、その実体は不明確であった、ということだ。ダイモニオンの声が常に禁止的であったことも、この不定性と関係がある。すなわち、ダイモニオンの声はかれに決して具体的な積極的命令を与えなかったのである。換言すれば、日々の生活において、ソクラテスは完全な自由と責任のもとに自己の行為を意志し、実践したのであり、そのかぎり、かれはまったく自律的倫理を生きていた、と言えるだろう。ソクラテスにおいてもっとも目立つ特徴は、自己の行為につねにロゴス的な根拠付けを与えようとする理性主義者の側面である。だが、ソクラテスのこの自律には時々ダイモニオンからの制止が介入した。これの意味するところは、ソクラテス（人間）は己の行為をつねに自律的に発意し実践せねばならないが、それは誤ることがあり、そのときなにか神的なものが介入する、ということに他ならない。しかし、いかに誤っているのか、この制止の意味はなにか、このことの理解は再びソクラテスの解釈に委ねられざるをえないのである。この構造を一言でまとめれば、「神秘の解釈者ソクラテス」ということになるだろう。生涯にわたり、ダイモニオンの制止を介して超越的な力に直面していたかぎり、ソクラテスは神秘家であったが、自己の行為を理性的に正当化し、また、制止の意味を理性的に解釈しようとするかぎり、かれは理性主義者であったのである。

死の逆説

「神秘の解釈者ソクラテス」のもっとも強烈な姿の一つは、かれの生涯の最後に現れてくる。法廷で死刑の判決を受けた後、かれは判事たちに大要次のように語った。判事諸君、私には素晴らしいことが起こったのだ。諸君は私の身に降りかかったことを現に見ている。それは、極限の悪と人々に信じられていることである。だが、今朝私が家を出るときにも、この法廷に入るときにも、言論の途中においても、神のあの印は私に反対しなかったのである。私がこれをどう理解したかを、君たちに語ろう。たぶん、私の身に降りかかったことは善いことなのだ。そして、死ぬことを悪だと思っている人は、死を正しく受け取っていないのである。私の理解では、このことの偉大な証明が行われたのである。なぜなら、私がなにか善いことを為そうとしていたのでなければ、例の印が反対しなかったはずはないのだから（『弁明』四〇A—C）。「死が善である」という逆説、人間の常識に激突するこの逆説は、いかなる常識的説明をも許容しないであろう。ソクラテスがこの逆説を主張するのは、すでになにか哲学的論証があるからではない。そうではなくて、ただ、この裁判に係わる節目節目において、驚くべきことに、ダイモニオンの介入がまったくなかった、ということに基づいているのである。この事実を、おそらく、かれ自身が驚嘆の眼をもって眺めたに違いない。そして、その事実のうちに、この裁判の結果を神が是認したということ、すなわち、死が善であるという啓示、を、かれは見たのである。それ故、死についてのソクラテスの確信は哲学的論証に基づくものではない。その意味では、死についてかれは知らないのである。しかし、死をあたかも絶対的な悪であるかのごとくに思い込んでいる人々は、知らないことを知っていると思い込む誤りを犯しているのに対し、知らないことを知らないと自覚しながら、ソクラテスはダイモニオンの印の不在を跳躍板にして未知の世界への「大きな希望」(『パイドン』一一四C)を語っているのである。

神話の意味

だが、この希望はソクラテスの全哲学と関連をもっている。すでに、第四節「正義」で述べたように、『クリトン』篇には、いかなる場合においても不正を犯してはならない、不正を加えられても不正を返してはならない、という途方もなく崇高な倫理的確信が語られていた。また、『ゴルギアス』篇では、不正を犯して処罰されないよりは、処罰される方が本人にとっての幸福であり、死刑に値する罪を犯したならば、死刑に処せられることが幸福である、という常識的理解を拒むような逆説まで語られている。ソクラテスの倫理的探究を貫いて燃えるこの強烈な炎は、いったいなにによって支えられているのか。それは、霊魂の不滅と、それによって可能となる死後の審判についての確信によってである。この確信がなければ、このような逆説や倫理は、カリクレス(Kallikles, BC 5-4C)の言うように、「ふざけた冗談」(『ゴルギアス』四八一B)、実体のないただの御託宣、になるだろう。

そして、重い対話篇の末尾に現れてくる数々の神話は、すべて、この確信、この希望を語るものであり、この確信の初端には、ダイモニオンの声やデルフォイの神託を媒介にした「神秘」との接触があったのである。

第9章 プラトン

1 イデア論

イデア論の根本的性格

ソクラテスの哲学は「いかに生きるべきか」の探究であり、それは、具体的には、正義、節制、勇気、知恵などの徳の「なんであるか」、すなわち、徳の定義の探究として遂行された。ソクラテスのこの探究の延長上にプラトン（Platōn, BC 427-347）のイデア論は成立している。それ故、イデア論成立の根本動機には倫理的価値の基礎付けという意図があるのである。

『国家』篇第五巻の末尾には、多くの美しいものに夢中で、まるで自分の目と耳をありとあらゆる合唱隊を聞くことに賃貸契約したかのように、音楽会や劇場を駆けずり回る男が出てくる。このような美的ディレッタント、

図9-1 プラトン 推定シラニオン作（前370頃）のローマ時代の複製

文芸愛好家は、なにか美しいものを求めている限りでは、哲学者に似てはいるが、はたして哲学者なのだろうか。否。なぜなら、「かれらの求めるそれらの美しいものの中に、醜く現れることの決してないようなものが、はたして一つでもあるだろうか。数々の正しいものの中に、決して不正に見えることのないようなものが、一つでもあるだろうか」（四七九A）。つまり、この種の男は、感覚的な世界で多彩な姿を見せる多くの美しいもの、時には醜としても現れうる不完全な美しいもの、に目を奪われて、恒常不変に同一の在り方を保つ「美」のイデア、すなわち、美そのもの、を知らないのである。言い換えれば、この種の人々は、いろいろのものを見たり聞いたりすることが好きで、美しい声とか、美しい色とか、美しい形とか、またすべてこの種のものによって形作られた作品に愛着を寄せるけれども、美そのものの本性（physis autou tou kalou）を見極めてこれを愛することはできないのである。「では、いろいろの美しい事物は認めるけれども、美それ自体は認めもせず、それの認識にまで導いてくれる人がいても、ついてゆくことができないような者は、夢を見ながら生きていると思うかね、目を覚まして生きていると思うかね。いったい、夢を見ているとは、こういうことではないか。つまり、それは、眠っているときであろうと、起きているときであろうと、なにか似ているものを、そのまま似像であると考えずに、それが似ているところの当の実物であると思い違いすることではないのか」（四七六C）。すなわち、感覚的世界で多彩な姿で現れる多くの美しいものに目を奪われている人々は、夢を見ながら生きているのだ、とプラトンは言う。なぜなら、夢とは幻影を実物と見違えることであるからだ。これらの多くの美しいものは、美そのものによって、すなわち、美そのものを分有し、あるいは、美そのものの臨在によって、わずかに美しいものとなるのであるが（『パイドン』一〇〇D）、かれらはこの美そのものを知りもせず、眺めもせずに、それの幻影もしくは模像を美そのものと取り違えているからである。これに対して、美そのものが厳然と存在することを信じ、それ自体と、それを分けもっているものとを混同したり、取り違えたりしない人が、目を覚まして生きている人であり、そのような精神の在り方を「知識」というが、そのような人は稀にしかいない。以上、美について述べたことは、そのまま正義、節制、勇気、知恵、善などについても妥当する。すなわち、それぞれは、それ自体としては一つのものであるけれども、いろいろの行為と結びつき、物体と結びつき、相互に結びつき合って、いたるところにその姿を現すために、それぞれが多（多くのもの）として現れるのである。たとえば、正義のイデアはそれ自体としては恒常不変の一つのものであるが、多様な個別的状況の下でいろいろな条件の制約を受けて多くの不完全な正しい行為となって現れるのであり、逆に言えば、この世のさまざまな正しい行為はすべて不完全な正しさでしかないが、それらが正しいことの根拠は正義のイデアを分有するからなのである。

感覚的世界の存在論的次元――イデア定立の認識論的根拠

『テアイテトス』篇において（一八二C―三B）、プラトンは感覚的世界の本質的特徴についてこういうことを言っている。プロタゴラスも、その思想上の師であるヘラクレイトスも、万物は絶え間なく流動している、と言っているが、もしもそうなら白いものが流れている、とも言えなくなるだろう。なぜなら、そうであれば、流れている白いものという留まりがあることになるからだ。しかし、そうなると、白い色が黄色い色になり、黄色い色が黒い色になる、という色の絶え間のない変質を特定の色の名前で呼ぶことも当然できなくなる。では、感覚についてはどうか。見るとか聞くとかいう感覚についてわれわれはなにを言うことができるか。いやしくも、万物があらゆる仕方で動いている限りは、なにかを見るとか、見ないとか、なにか他の感覚の名で呼ぶべきだとか、そうでない名で呼ぶべきだとか、そういうことは一切ありうべからざることになる。さらに、もしも万物が常に動いているならば、答というものは、なにについて答えるにしても、すべて同様に正しいことになる。なぜなら、「そう」と言っても「そうでない」と言っても変りがないからだ。だが、実は、「そう」とも「そうでない」とも、言いえないのである。なぜなら、そうすると、「そう」というのがまた動かなくなるからである。こうして、この万物流動説はあらゆる言説、あらゆる認識を不可能にしてしまう思想なのである。

認識が成立するためには、動かぬものがなければならぬ

それ故、およそ認識が、あるいは、言語による意思の疎通が成立しうるためには、なにか留まっているものがなければならない。それがプラトンの言うイデアである。アリストテレスによれば（『形而上学』一〇一〇A一二―五）、ヘラクレイトスの徒クラテュロス（Kratylos, BC 5C）は「人は同じ川に二度入れないのではなくて、一度も入れないのだ」と言ったほどの極端な「流動論者」で、遂には、言葉を用いることを止めて指を動かしてだけいたと伝えられているが、このクラテュロスにソクラテスの口を借りてプラトンはこう言っている。「決して同一の状態にないものは、何者によっても認識されえないことになる。なぜなら、認識しようとする者がそれに近寄った瞬間に、それはもう別のものになっているので、それがどのようなものか、どのような状態にあるのか、は、もはや認識されえないだろうからだ。そして、いかなる認識も、対象がなにか一定の性質をもたないならば、これを認識することはできないだろう。……それればかりか、認識すら存在しないと主張するのが理屈に叶っているだろう。なぜなら、このもの自身、つまり、認識が、もし認識であることから変化しないならば、認識は常に留

まっており、万物は流動するという説と矛盾することになるからだ。他方、もし認識というものそのものまでも変化するならば、それは認識とは別のものに変化して、それと同時にもはや認識ではないことになるだろう。……こうして、万物流動説によると、認識するものも認識されるものも存在しえないことになる。しかし、もし一方において認識するものが常に存在し、他方において認識されるものが常に存在し、美が存在し、善が存在し、もろもろのあるもののそれぞれが存在しているのであれば、これらは流動にも運動にもまったく似ていないことは、明らかだ」（プラトン『クラテュロス』四四〇A―B）。プラトンがここで描写している万物流動説の世界とは現実には存在しない世界である。プラトンは、もしもイデアが存在しなかったとすれば、感覚的世界はどのような状態になったであろうか、という仮定を描写しているのである。イデアが存在するから、感覚的世界について認識も言語表現も可能になる。パルメニデスは「ある」と「あらない」の排除的な二者択一により、感覚的世界にあらゆる実在性を拒絶した。これに対し、プラトンのイデアの導入は、感覚的世界の中に「ある」の要素を導入することにより、感覚的世界を絶滅から救うという意図をもっていた。パルメニデスとヘラクレイトスの実在観を両立調和させること、すなわち、理性的な要素と感覚的な要素との統一体として宇宙を理解すること、ここにプラトンの世界観の意図がある。その際、イデアが認識、秩序、法則、価値の原理として世界成立の形相的次元における原因である、というのがイデア論の核心であったのである。

2　霊魂不滅の証明

ソクラテスの信仰の遺産

ソクラテスは霊魂の不滅を固く信じてこの世を立ち去った。この信仰は、最後には死刑にまでも追い詰められてしまうかれの生き方、この世の利害得失を度外視して正義を追求するというかれの生き方、を支えるかれの人生の土台であった。しかし、ソクラテスはこの信仰について哲学的な論証をもっていたわけではない。死刑宣告の法廷で、裁判官たちを前にして語ったように、ソクラテスは死についてはなにも知らないのである。だが、知らないにしても、かれは死が善いものであるという大きな希望をもっていた。この希望は、ソクラテスの正義の観念から生ずる要請と、ダイモニオンの印と、古き世からの言い伝えの尊重という、いろいろな要素の複合体の実りとして、ソクラテスの人生を支えたのである。ソクラテスの思索の炎を語り伝えることだけを己の使命としたプラトンは、当然、この霊魂不滅の信仰をも受け継いだが、この信仰に哲学的論証を与えることこそが師の哲学を活かすべき弟子に課せられた課題であった。その試みが『パイドン』篇である。そして、その論証はまさにプラトン哲学の核心であるイデア論に基づく論証であった。

プラトンによる理論化——イデアの自己同一性

さて、イデアと感覚的世界で生成消滅する事物とのもっとも際立った相違はなんであったろうか。それは、後者が相反する性質を共有する一種の自己矛盾的存在であるのに対し、前者が常に自己同一を保つ永遠不変の存在である、という点にあった。すなわち、感覚的世界の事物は大きいと同時に小さく、美しいと同時に醜く、正しいと同時に不正な存在であった。それは、これらの事物が瞬時も止まらずに生成変化すること、それ故に、ある在り方を不完全にしか実現しえないためであった。これに対し、美のイデアは美そのものとして常に自己同一を保ち、美以外のなにものになることもない。現実の世界には、完全に等しいものはなに一つ存在しないが、「等しさ」のイデアは完全無欠な等しさで、等しさ以外のなにものでもない。現実の世界の三角形は、土地にせよ描かれた図形にせよ、完全無欠な三角形ではありえないが、三角形のイデアはそうである。それでは、このようなイデアの特質はなにか。それは、反対の性質を絶対に受け入れないということである。美のイデアは美そのものであって、絶対に醜を受け入れない。正義のイデアは正しさそのものであって、絶対に不正を受け入れない。等しさのイデアが不等を受け入れるということはありえない。ここまでは、プラトンの言っていることは納得できるだろう。ここから先の議論が問題である。

ところで、反対の性質を受け入れないのは、イデアだけではなくて、イデアが内在形相として内在する事物もまたそうだ、とプラトンは言う。たとえば、「熱」（イデア）は「冷」（イデア）を絶対に受け入れない。両者は性質として矛盾しているからである。しかし、冷を受け入れないのは熱ばかりではない。熱が形相として内在する炎もまた冷を受け入れないのである。すなわち、炎は、冷（たとえば、雪）が近づけば、立ち去るか、消滅してしまうのである。冷たい炎というものは在りえないからである。

生命の原理としての霊魂

さて、ここからが証明の核心である。プラトンは、霊魂の根本的特質は生命である、と言う。この主張は、もちろん、生きているものにはすべて霊魂があり、霊魂のないものは死んでいる、という事実に基づいて為されているであろう。しかし、この思想には、また、大きな歴史的背景がある。ギリシアには古くから、魂が生命の原理である、という思想があった。魂を意味するギリシア語は「プシューケー（psychê）」であるが、この語は、ラテン語の「アニマ（anima）」や「スピーリトゥス（spiritus）」と同様に、もともとは「息」を意味し、そこから「魂」という意味を発展させたのである。すなわち、「息をすること」が「生きている」ことの印であるところから、この息が生命の原理としての魂という意味を帯びたのである。アナクシメネスが万物の根源を「空気（アエール、息）」としたのは、宇宙全体が生きているという思想から由来するもので、かれの断片二には、この空気（息）と生命との関係が明瞭に語られている。「われわれの魂は空気であって、われわれを統合しつつ支配している。ちょうど、そのように、息と空気が全宇宙を包括し秩序づけているのである」。こういう歴史的背景の下に、プラトンは、魂が生命の原理であり、魂の本質的特徴は「生きる」である、と言ったのである。

ところで、イデア論にもどると、「生」と「死」は相矛盾する性質である。だから、「生」は絶対に「死」を受け入れず、「死」は絶対に「生」を受け入れない。それ故、「生」が内在形相として内在する魂もまた絶対に「死」を受け入れないのである。すなわち、先の前提からすれば、魂は死が近づけば、立ち去るか消滅するかでなければならない。しかし、魂は消滅することはありえない。なぜなら、魂は生の原理であり、それ自体が不死であるからである。それ故に、魂は死が訪れると不死なるものとしてこの世を立ち去るのだ、とプラトンは言う。

オルフェウス・ピタゴラス教団の信仰の理論化

もともと、プラトンの考えでは――それは、ソクラテス・プラトン哲学の根源にあるオルフェウス・ピタゴラス教団の信仰でもあったのだが——死とは魂と肉体との分離であり、肉体は壊滅して泥土と化すが、魂は本来の故郷であるイデアの世界に帰るのであった。さて、この霊魂不滅の証明はわれわれ現代人にとって説得力があるだろうか。この証明にはさまざまの前提があり、また、論理的にも問題点があることは、諸研究者が指摘している通りである。それはそうだとしても、魂が生の原理であり、魂は、イデア的存在と親近性をもつ、生成消滅する事物とは次元の異なる存在である、という思想には、なにかわれわれの心を摑む迫力があるのではなかろうか。

3 哲人王

プラトンの哲学は、ソクラテスの哲学を受け継いで、「いかに生きるべきか」の探究であり、それは、結局は、「いかなる共同体を構成すべきか」という国家論になるべきものであった。この問題に正面から取り組んだのが人類最初の政治哲学とも言うべき『国家』篇である。今、ここで、この大作の全体を述べることはできないが、プラトンが国家の支配を委ねるべき最高の人物として構想した哲人王の一面を顧みることにより、プラトンの正義観、幸福観の最終的帰結に触れることにしよう。

正しい人は本当に幸福なのか

プラトンの国家において、世俗的な意味においてもっとも幸福なのは、哲人王の支配を受ける、倫理的自律性をもたない労働者階級である。これに対し、哲人王は多分世俗的な意味では幸福にもっとも遠い人間に属するであろう。かれは、比喩的に言えば、修道院の中で生きる禁欲修道士のごとき存在である。ところが、この哲人王において、『国家』篇の本来の主題が初めて真正面から答えられようとしているのである。本来の主題とは、「正義の人は本当に幸福なのか」という問いである。第二巻の冒頭では、「ギュゲスの指輪」という不気味な物語を通して、この問いは次のような問題設定の下に立てられていた。グラオコンが言うには、正義とは本当は辛いこと、嫌なことである。人々は、本当は、不正な人の生の方が正しい人の生よりもはるかにましだ、と思っている。人々の考えでは、自然本来の存り方から言えば、人に不正を加えることは善（自分の利益）、自分が不正を受けることは悪（自分の害）であるが、後者を避け前者を得るだけの力のない弱者は、不正を加えることも受けることもないようにお互いに約束を結ぶことが得策である、と考え、貪りは不正である、という法を制定したのであった。これが正義なるものの起源である、とグラオコンは言う。――ちなみに、ニーチェも『道徳の系譜』の中で同じことを言っている。――つまり、正義とは、弱者の自己防衛の方式、すなわち、不正を働きながら罰を受けないという最善のことと、不正な仕打ちを受けながら仕返しの能力がないという最悪のこととの、中間的な妥協にすぎないのだ。だから、正義を守っている人は、自分が不正を働くだけの能力がないために、しぶしぶそう為《し》ているだけのことなのである。グラオコンは、あらゆる人の心の奥底に、つまり、最善と思われている人の心の奥底にさえ、この不正への願望が宿っている、と言う。このことを得心するためには、正しい人と不正な人のそれぞれになんでも望むがままのことができる自由を与えてやればよい。そうすれば、正しい人が不正な人と同じことをする現場を、われわれは見ることができるだろう。そして、このことの絵画的展示のために、グラオコン（つまり、プラトン）は「ギュゲスの指輪」という不気味な物語を創造したのであった。

「ギュゲスの指輪」

昔、リュディアにギュゲスという羊飼いがいた。あるとき、羊を飼っていると、大地震のために大地が裂け大穴が開いた。その穴の中で、かれは屍体の指から黄金の指輪を抜き取ったのである。あるとき、羊飼いの集まりでなんの気なしに指輪を内側に回すと、かれの姿が消えて大騒ぎになった。ギュゲスはこのことを知ると、直ちに王妃を犯し、王を殺して、権力を手中にしたというのである。さて、このように、自己の姿を消す能力を正義の人が身につけたとしよう。そのとき、それでも正義のうちに留まって、あくまで他人のものに手をつけないほどの、金剛石のように志操堅固な人がどこにいるだろうか。もしも、身を消すことができたとすれば、市場からはなんでも好きなものを取ってくることができる。他人の家に入り込んで、誰とでも好きな者と交わることができる。気に入らない者を殺すこともできる。人間たちの中で神のように振舞えるのだ。このような能力をもちながらなに一つ悪事を働かない者がいたとすれば、それは世にもあわれな愚か者に違いない（このグラオコンの問題設定には、現代の宗教的実存思想［たとえば、レヴィナス］から見て、一つの致命的な欠陥がある。自分の姿を消して、あらゆる悪事を罰を受けずに犯しうる透明人間は、他者の愛を受けることができない、という点である。なぜなら、愛を受けるためには、自分の正体を他者に曝さなければならないからである。だが、この問題は、ここでは問われていないので、論議の中で取り上げない）。

図 9-2　デュオニュソスの耳　シラクーサイにある牢獄の入口，天井の穴から独裁者が囚人の話を盗み聞きしたという

外見と内実

そこで、正義の擁護とは、どういう問題になるか。それは、一つには、上の仮定が描くような欲望の充足は人を本当に幸福

にするのか、そして、正義の人がそれを望むというのは真実か、という問題である。もう一つは、さらに徹底している。正義の人からあらゆる世俗的な意味での善きものを取り去った場合、それでも人は正しくありうるか、という問題である。それは外見と真実の問題である、と言ってもよい。

完全に不正な人間とは、最大の悪事を働きながら、正義にかけては最大の評判を自分のために確保できる人間でなければならない。不正を企てて、人目をくらますことができず、発覚して捕まるような奴は本当の不正者ではない。不正の極致とは、実際には正しい人間ではないのに、正しい人間だと、人々に思われることなのである。それでは、その反対に、完全に正義の人からは、この評判や「人々からの思われ」を取り去らなければならない。なぜなら、もしも正義の人が正しい人間だと思われているならば、その評判のためにさまざまの名誉や褒美がかれに与えられることになるだろう。そうすると、かれが正しい人であるのは正義そのもののためなのか、それとも名誉や褒美のためなのか、不明になるからである。こうして、かれからは一切の世俗的な意味での善いものを剝ぎ取ってまる裸にし、正義だけを残さなければならない。すなわち、なに一つ不正を働かないのに、不正であるという最大の評判を得させるのだ。生涯を通じて不正な人間と思われながら、場合によっては、鞭打たれ、拷問にかけられ、磔《はりつけ》にされても、死にいたるまで正義の人であり続けうるのでなければならない。それでなければ、結果や評判とは関わりなしに、正義自体が善いものであることを擁護しえたことにはならないだろう。

魂の調和

さて、この問題設定に対するプラトンの解答は二つの次元において為されている、と思われる。その一つは、「魂の調和（harmonia）」という思想である。すなわち、不正とは魂の三要素（理性、気概、欲望）の間の内乱であり、魂の特定の部分が分不相応な支配権を握ろうとして魂全体を混乱に陥れることであり、他方、正義とは、魂の諸部分が自然本来の存り方に従って調和していることである。このことは、健康と病気の比喩によって説明されている。すなわち、健康とは身体の諸要素が自然本来の存り方に従って互いに調和している状態であり、病気とはそれらの諸要素の混乱状態である。だから、正義とは魂の健康であり、不正とは魂の病気である、と言うことができるだろう。そして、もしも健康が害《そこ》なわれれば、どのような地位や富を獲得しても、人生は生きるに値しないものとなるように、正義が害なわれれば、人生はいっそう生きるに値しないものとなるだろう。

プラトンは、この点についての説得を、おそらく、最高度の悪人である独裁者の描写によって与えているのだ、と思われる。独裁者とはなんの抑制も受けずに、ギュゲスのように、権力とエロスの妄想を生きることができる人間である。だが、この抑制の欠如は、かれの魂に破滅的な混乱を惹起する、というのがプラトンの描写の要点であった。エロスの欲望が極限にまで肥大すると、それらを充足することが不可能になる。『ゴルギアス』篇での表現によると「そういう人間はヒビ割れた甕《かめ》」であり、夜となく昼となく注ぎ込まなければならないが、決して満ちることがない。抑制のないエロスの欲望は人を充足の欠乏状態へと追いやり、慢性的な中毒症のうちに落とし込むのである。他方、独裁者は、陰謀と弾圧により絶対権力を手中にした者であるから、必然的に復讐への絶え間なき恐怖のうちに生きることになる。かれは、暴力によって支配者の地位を得た者であるから、他人を一切信用しないし、他人からも

図 9-3　怪物ゴルゴンの首　ディディュマの廃墟から

信用されない。すなわち、少しでも隙を見せれば、自分がしたように、親衛隊によっても殺されてしまうかもしれない恐怖のうちに生きているのであり、その故に、何重にも秘密警察を配置して粛清し続けなければならないのである。こうして、欲望を統御できなかった者は、絶えず突き上げてくる非理性的な衝動の、無秩序な暴発の犠牲者となるのである。このような不安、恐怖、挫折、混沌の生を誰が本当に望むであろうか。それ故、ギュゲスの物語が人間性の真実を発《あば》いているというのは、偽りである。確かに、プラトン自身も言っているように、最良の人の心にも夢の中に現れるような無法な欲望がある、というのは真実であろう。それは、あらゆる人の心のうちに非理性的な怪獣が潜んでいるからである。しかし、理性の統御によって怪獣を馴致し、魂が調和と平安を享受するならば、そして、その生を怪獣の暴走による恐怖と挫折の生と比べることができるならば、どちらに人間の幸福があるかについて誤る人はないだろう、というのがプラトンの一つの解答であった。ただし、これは、凡人、平民、ただの人にたいする解答である。

イデアの観想

「正義の人は本当に幸福か」という問いに対するもう一つの解答、そして、これこそが本質的な解答は、イデア論によって与えられる。そもそも、哲学者とはどういう人であったか。言うまでもなく、「知恵（sophia）の愛求者（philos）」である。その知恵とは、見物好きの連中があちこち駆けずり回ってかき集めるような知恵ではなく、真実を観るということだ、とプラトンは言う。つまり、「いろいろのものを聞いたり見たりすることの好きな人たちは、美しい声とか、美しい色とか、美しい形とか、また、すべてこの種のものによって形づくられる作品に愛着をよせるけれども、〈美〉そのものの本性を観て、これを愛することは、かれらの精神にはできないのである」（『国家』四七六B四―八）。これに対して、哲学者とは、稀にしか現れ出ないけれども、〈美〉そのものにまで到達して、これをそれ自体として観ることのできる者である。それができれば、〈美〉を分有することによって美しくあるにすぎない、生成消滅する個々の美しいものを〈美〉それ自体である、と取り違えるようなことはないだろう。そのような取り違えの生は、すでに述べたように、夢を見ながら生きているような生だ、とプラトンは言う。なぜなら、夢とは幻影を実物と取り違えることであるが、生成消滅する個々の美しいものや善い行為は〈美〉そのものや〈善〉そのものの幻影にすぎないからなのである。こうして、哲学者とは、〈正義それ自体〉、〈美それ自体〉、〈善それ自体〉、その他もろもろのイデアへの愛に身を献げた者である。人あって、もしプラトンに「人間はなんのために生きているのか」と訊ねたとすれば、かれは、「イデアを認識し、それを模倣し、それに一体化するためである」と答えたであろう。もちろん、芸術作品の美も、自然の美も、政治的共同体における正義の実現も、われわれを豊かにし、われわれに生き甲斐を与える、美しいものであり、善きものである。プラトンはこれらの美や善をあまりにもよく知った上で、なおそれでは充分ではない、と言う。その奥に、あるいは、その根底にある、〈美〉自体、〈善〉自体にまで到らねばならない、と言うのである。

哲学者の幸福

さて、哲学者がこのような者であれば、かれらの幸福を考えるときに、快楽や権力や富のような世俗的な善を問題にすることは、初めから見当違いであることは明らかであろう。そのようなものは、真理の探究者にとっては「たわごとであり、屑である」とプラトンは繰り返し言っている。「いやしくも本当に自らの精神を真実在のもとにおく者ならば、目を下の方に向けて世俗事に気をとられ、人間たちと争って嫉妬と悪意で心をいっぱいにするような、そんな暇などは、決してないだろう。いや、かれは、整然として恒常不変の存り方を保つ存在にこそ目を向け、……それらがすべて秩序と理法に従うのを観照しつつ、それらの存在を模倣し、それらにできるだけ同化しようと努めることに、時を過ごすだろう」(『国家』五〇〇B八―C五)。

闇の洞窟への降下

しかし、哲人王はこの浄福の境涯にいつまでも留まることは許されない。なぜなら、かれらが五〇年にわたる激しい心身の鍛練の後に善のイデアを見るところにまで登りつめたのは、再び洞窟の囚人仲間のところへ降りてくるためだったからである。それは、国の中のある一部分の人が浄福になることではなく、国全体のうちにあまねく幸福をゆきわたらせることこそが、正義の求めることであったからである。だから、哲学者はその浄らかな世界の外に出て、万やむをえない強制と考えて支配者の地位につかねばならぬ。「されば、哲学者たちは、各人が順番に下へ降りてきて、他の人たちと一緒に住まなければならぬ。そして、暗闇の中の事物を見ることに、慣れてもらわねばならぬ。けだし、慣れさえすれば、かれらの目は、そこに居続けた者たちよりも、何千倍もよく見えることだろう。……なにしろ、かれらは、美、正義、善について、すでにその真実を見ているのだから。……現在、多くの国々を統治しているのは、支配権力を求めて党派的抗争に明け暮れるような人々であり、かれらは支配権力をにぎることを、なにか非常に善いこと(得になること)のように考えているのだ。しかし、おそらく、真実はこうではあるまいか。その国において支配者となるべき人々が、支配権力を積極的に求めることの最も少ない人間であるような国家こそが、最も善く治められる国家なのではあるまいか」(五二〇C一―D四)。

第10章 アリストテレス

万学の祖

アリストテレス（Aristoteles, BC 384-322）はかれ以前のギリシア哲学を綜合し、初めて体系的な哲学を創り上げて、ヨーロッパ哲学の基礎を据えた哲学者である。それ故、ヨーロッパ哲学が現代世界文明の一つの基礎と言われうるとすれば、アリストテレスの思索はわれわれ自身の思索をも規定している、と言えるだろう。ところで、かれ自身が生前に公刊した対話篇形式の書物はすべて散逸して断簡を残すのみであるが、これらは形式においても内容においても師プラトンの影響を強く示して、魂の不滅、転生、想起などを論ずるもので、成熟したアリストテレスの思想を問題にするためには取り上げる必要がない。これに対し、現存するかれの著作はリュケイオンでかれが行った講義の草稿と見なされる極度に簡潔なノート類だけで、前一世紀にロドスのアンドロニコスが編纂したものである。これらのノート類に現れるアリストテレスの思索は高度の論理性と経験的実証性に貫かれた真に理性主義と言われうるもので、その研究は広範な領域を包括し、それぞれの領域を初めて学として成立せしめた諸学の礎《いしずえ》とも言われるべき研究であった。それらのうちの主なものは、次の通りである。『カテゴリー論』『命題論』『分析論前、後書』『自然学』『天体論』『生成消滅論』『動物誌』『動物部分論』『動物運動論』『霊魂論』『形而上学』『ニコマコス倫理学』『エウデモス倫理学』『政治学』『アテナイ人の国訓』『弁論術』『詩学』。これらの広範な研究領域にわたるかれの思索を全体的に紹介することはわずかな紙幅の中では不可能であるから、本章では、自然に関するアリストテレスの思索の基礎的な部分に考察を集中し、アリストテレスの実体論の骨格を述べることにする。けだし、アリストテレスは、プラトンがイデアの哲学者であったのに対し、自然にすべての基礎をおく哲学者であったからである。

図 10-1　アリストテレス

1　自　然

運動の始源

自然についてのアリストテレスの規定のうちでもっとも著名なものは、「運動の始源（原理、根拠）（archê kinêseôs）」としての自然という規定である。この規定は、いかなる事態を意味するのであろうか。まず、アリストテレスの言うところを聞こう。「存在者のうちのあるものは自然的に（フュセイ）存在し、他のものは他の原因によって存在する。自然的に存在するものは、動物とその部分、植物、また土、火、空気、水のごとき単純な物体などである。……これらのすべては、自然的にではなく構成されたものに対して、明らかに異なっている。なぜなら、自然的に存在するものは、各々、自分自身のうちに運動と静止の始源をもつからである。……これに対して、寝台や衣服、その他のこのような種類のものは、それが寝台とか衣服とかいう名称で呼ばれるかぎり、つまり技術（テクネー）の産物であるかぎり、変化へのいかなる本性的（自然的）衝動をももたない」（『自然学』一九二B八―一九）。ここで、まず明らかになることは、アリストテレスが、すべての存在者を二つの領域に、すなわち、自然界と人工界の二領域に分けていることであり、自然的存在者を人工品との対比によって規定していることである。では、人工品の特徴はなにか。それは、自分からは運動しない、自分自身のうちに起動力をもたない、ということである。寝台や衣服が自分から運動しないことは明白である。同様に、机も本箱も家屋も運動しない。しかし、自転車や自動車や飛行機は人工品であるけれども自分から運動するではないか、と言う人がいるかもしれない。だが、これらの人工品は、自分から運動するのではなくて、人間が動かすから運動するのである。たとえ、自らエネルギーを収集蓄積しそれによってエンジンを作動させるような極めて精巧な自動機械が作られたとしても、そのような装置をしつらえたのが人間であるかぎり、それは自分から運動するとは言われえない。

人工品は自分自身のうちに運動の始源をもたない

「自分から動かない」という人工品のこの特徴は、もっと根本的にみれば、人工品とはそのような存在者として存在することの原理（始源、archê）を自分のうちにもたない、というところから来ているのである。なぜなら、たとえ出来上がった人工品が外見上自分から動くように見えたとしても、そのような存在者として存在することの原理が自分の外部にあるならば、それは自体的に（自分によって）動くとは言われえないからである。机は木材と釘が勝手に動いて机に成ったのではない。家はレンガとセメントと木材とトタンが自分で結合して家に成ったのではない。これらは自己の存在原理を自分の外部に、すなわち指物師や大工のうちにもつのである。つまり、人工品とは自己形成のできない存在者であり、それが「自分から動かない」ということの根源的な意味である、と言えるだろう。

だが、人工品といえども自ら動き、ある種の自己形成を営むのではないか。たとえば、古城の石垣は年とともに崩れ落ちて古さびた廃虚と化すし、五重の塔の屋根は緑青を吹くし、門柱として立てた木材が力を得て枝葉を出し育ち始めることさえある。しかし、このような場合、これらの存在者はまさに人工品として、すなわち垣、屋根、門柱という名前で呼ばれる存在者として、動くのではない。そうではなくて、これらの人工品がたまたま石からでき、銅からでき、植物からできていることにより、それぞれが石、銅、植物の本性を現したのだ（一九二B一九—二〇）。これらの場合、人工品の素材となった自然的存在者がその本性を発現しているのであり、このことは人間のポイエーシス（製作）にとっては「たまたま」ということなのである。

このように、自己に固有の存在原理をもたず、したがって、自己形成もできず固有の動きももたない人工品は、いずれそれぞれに内在する自然力の内発により破壊される。人間の作ったもので壊れないものは一つもない。ここに現れるのは自然の根源的・自発的な動きであり、人工（非自然）を否定する自然の復元力に他ならない。しかし、翻って考えてみると、人工品の存り方とは、もともと、自然的存在者に固有の存り方（動き）を発現させることでしかなかったのである。ハンマーは鉄の重さと固さの発現であり、ジェット機の飛行は石油のエネルギーの発現である。人間のポイエーシスは内容的にはなに一つ産み出していないのであって、ただある構図のもとに自然力の発現を享受するというにすぎない。時には、芸術作品の場合によくあるように、人間の構図を裏切って人間の意図にとっては偶然に自然力が現れたことこそ、その作品の価値であったということさえある。つまり、人工品をも含めて一切の存在者において、自ら動いているのは自然的存在者だけなのである。

パルメニデス批判——存在原理の多元性

すでに第6章第2節において論じたように、パルメニデスは存在を不動の一者とした。もし、存在がそのようなものであれば、パルメニデス自身も主張したように、運動する自然的世界は非存在であり、したがって、当然自然学も成り立たない。しかし、アリストテレスの言葉では、自然的存在者が運動することは、経験的事実からして自明のことであり、自明の事柄を否定する者とは議論のしようがないのである。だが、とにかく、パルメニデスの不条理な理論は、「一つの根本的な不条理（アトポン）」（一八五A一二）から導出されたものであるから、その誤りを明らかにすることにより、自然的存在者に関する思索の道を平坦にしておかなければならない。

では、その前提の虚偽なる点はどこにあるか。パルメニデスの理論は唯一の根本前提の論理的な言い換えになっていて公理体系のようなものであるから、それのどの部分を取り上げてもかれの根本思想にふれることができる。では、「すべては一（hen）である」というかれの主張はいかに解すべきであろうか。アリストテレスによれば、一は存在（有る）と同様にいろいろな意味で語られる（『形而上学』第五巻第六章）。たとえば、連続的なものも一であり、不可分なものも一であり、その本質を表すロゴスが同一なものも一である。そこで、もしすべてが連続的であるという意味で一ならば、たとえば、万物

図 10-2　アテネの学堂　左の老人がプラトン，右の壮年がアリストテレス（ラファエル作，1509-10 年）

が一本のヒモであったならば、すべては一であると同時に多であることになろう。なぜなら、連続的なものは量であり、量は無限に可分的であるからだ。では、もしすべてが不可分であるという意味で一ならば、どうであろうか。そのときには、必然的に、すべては量でもなく性質でもない、とせねばならぬ。しかるに、パルメニデスの弟子のメリッソス（Melissos, BC 5C）は「存在はその量において無限である」（断片三）と言い、パルメニデスは「究極の限界があって、それにより存在はまるい球の塊のごとくに完結している」（断片八）と言っている。つまり、かれらは事実に押されて量としての存在を他方で認めざるをえないのであり、結局かれらの主張は自己矛盾に陥っているのである。では、第三に、本質の同一性という意味での一はどうであろうか。その場合には、すべての存在者がその本質において同一であるということになるから、善と悪は同一であり、戦争と平和は同一であり、人間と狼は同一である、ということになるだろう。こうして、「万物は一である」という主張は、「万物はなにものでもない」という主張であり、世界を無差別の混沌状態に落とし込むという不条理を結果するのである。パルメニデスの思想のこのような不条理は、存在はいろいろな意味で語られるのに、それを単一なものとして語ろうとした点に由来するのであり、それは、結局、存在原理の多元性を指し示しているのである。

2　実体

質料

これまで、われわれは「自然とは自然的存在者のうちにある運動の始源（アルケー）である」という規定を主要な導きの糸として考察を進めてきたが、アリストテレスはこの規定と並べて「自然とは実体（ousia）である」

という規定を導入している。この規定は、アリストテレスの語り方では、規定というよりもむしろ同義語による言い換えであって、「自然すなわち実体」という表現がしきりに繰り返されるのである。だが、このことは当然である。なぜなら、自然とは自然的存在者を自然的存在者たらしめている原理であり、他方、実体とは存在者を存在者たらしめている原理であって、かつ、自然的存在者以外には本来的な意味で存在者はないのだから、自然と実体とはもともと同一の事柄だったのである。では、この新たな角度はどのような視野を開くであろうか。

「さて、自然的存在者のいずれかのものが、そこから直接に生成し来たり或いは存在するに至る無秩序なものが……自然（フュシス）と言われる。たとえば、銅像や青銅製の道具のフュシスは青銅であり、木製の道具のフュシスは木材である、と言われるように」（『形而上学』一〇一四B二六―三〇）。この一文にみられるように、アリストテレスははっきりとフュシスの一つの意味として質料という観点を提出している。だから、フュシス＝質料という観点は、決してアリストテレスが全面的に拒否した観点ではない。だが、この観点に対するアリストテレスの是認にはあるニュアンスがこめられており、その点がほとんど同趣旨の『自然学』の一文によく現れてくる。すなわち、「ある人々の思いなしでは、自然的存在者のフュシスすなわち実体は、それぞれの存在者に含まれている第一のもの、つまりそれ自体では無秩序であるという意味で第一のもののことである。たとえば、寝台のフュシスは木材であり、銅像のフュシスは青銅であるというように」（一九三A九―一二）。ここでアリストテレスが「ある人々の思いなしでは」と記していることは、このフュシス＝質料という説が、アリストテレス自身の最後的な主張ではなく、むしろ、かれに先行する自然学者たちの臆見だったことを、示唆しているのである。初期の自然学者たちの自然（実体）探究は、存在者の究極の構成要素としてひたすら素材（質料）の探究に向かっていたが、この試みはアリストテレスの自然了解の体系的枠組みの中である位置づけをもちうるが、質料そのものの了解においても不充分であり、また、存在者の構成要素の了解としても不充分であったということである。だが、とにかく、どういう意味で質料がフュシス（実体）なのであろうか。その点を、アリストテレスは、アンティフォン（Antiphón, BC c.430）の説を引用しながら、こう説明している。もしも、だれかが寝台を土中に埋め、腐った寝台が自己本来の力を回復して芽を吹くならば、生ずるものは寝台ではなくて木である。この事態の意味している事柄は、寝台という構造は付帯的な属性で、人間の技術（テクネー）によって成立した配置にすぎないということであり、他方、寝台と成ったり机と成ったり腐敗したりしてさまざまの変形を蒙りながらも持続していたもの、すなわち、木が実体である、ということに他ならない。つまり、実体もしくはフュシスとは、存在者において、その現象的変化にもかかわらず、根底において持続しつづけているもの、という観点である。そして、この線上を問いつめていった自然学者たちは、結局、地水火風の四元素を実体としたのであった。

第一質料

だが、自然学者たちのこのようなフュシス（実体）＝質料という説は、理論的に十全なものであろうか。アリストテレスの目から見れば、そうではない。なぜなら、かれらが実体と見なした諸元素は決して質料そのものではないのであって、すでに乾暖冷湿という対立的規定性によって第一質料が限定されたものであり、すでに形相化された存在者だからなのである。質料実体論というものの免れえないアポリアがここにある。質料実体論を説く人が、根源質料を求めてどれほど遡行に遡行を重ねても、もし「Ａが実体である」と語れば、その途端に質料そのものではなくてすでに形相的限定（Ａ）を受けた質料が現れるのである。だから、質料概念を究極まで考えつめたアリストテレスは、それを、感覚的に見ることも触れることもできないもの、語ることも想像することもできないもの、つまり認識内容としては無であるところの「かのもの」、ただ理論的に措定せられるべき暗黒の基体、と語ったのである。質料を実体として主張するかぎり、この次元で質料の存在論的資格を問わなければならない。

では、そのような質料がいったい実体でありうるだろうか。「それは不可能である」（『形而上学』一〇二九A二七）。なぜなら、見ることも語ることもできないものとは、われわれにとって事実上の「無」ではないか。存在が現存（現れ出ること）であるかぎり、それはほとんど非存在ではないか。しかるに、自然的世界は、白銀の山波、逆まく怒濤、清冽な渓流、亭々たる大樹、疾走する野獣である。これらの自然的存在者の多様な姿、その存在性（このもの性）は、質料の無においては消失してしまうではないか。フュシスとは自然的存在者を自然的存在者たらしめている原理である以上は、万物を無差別の暗黒の中へ呑み込む質料が優れてフュシスであるとは言えない。

形相

では、目を転じて、フュシスとしての資格をもつもう一つのアルケーである形相の存在論的内容を考えてみよう。まず、アリストテレスはこう言っている。「技術的領域においても、もしもなにかが可能的にのみ寝台であって未だ寝台の形相をもっていなければ、そういうものをわれわれは技術的産物とは言わないであろうが、自然的に成立しているものにおいても事情は同様なのである。なぜなら、可能的に肉であり或いは骨であるものは、形相を得る以前には、未だ自分自身のフュシスを所有していないのであるから」（一九三A三三―B一）。ここでも、アリストテレスは、事柄を単純明解にするために、人工品をモデルにして議論を進めている。たとえば、ここに一本の杉の木があるとする。この杉の木は、人間の加工によって、机にも寝台にも舟にもなりうるものである。だが、そのような加工の以前には――つまり、机、寝台、舟などの形を得る以前には――この杉の木は技術的産物としてはなにものでもない。それは、なにものでもないところの素材にすぎない。逆に言えば、机を見て「それは杉の木である」と言う人がいれば、そのような人は机の「なんであるか（本質、意味）」を知らないのである。ここで明らかになる事態は、存在者の構成原理として形相と質料という二原理がとり出されるとき、この二原理は決して同一次元で関係し合うものではなく、むしろ層的な上下の次元で関係し合うものだ、ということである。なるほど、机という存在者の構成原理として、杉の木（質料）と机の構造（形相）が取り出されるとき、この両者はどちらがなくても机は成立しないという意味で平等の資格でアルケーであるように見える。だが、実はそうではない。なぜなら、杉の木は、（それ自身一個の存在者として見られれば話は別であるが、）この場合、未だ机でもなく寝台でもなく舟でもなく、総じて技術的産物としては未だなにものでもないものとして、存在者としては存立していないからである。

この存在者としての存立、つまり机という呼び名（katēgoria）、舟という呼び名によってそれと確認される存在者として現れ出ることが、形相の規定によって可能になるのである。いま「呼び名」と訳したカテーゴリアーという言葉は、この形相的規定を表す術語として、後に哲学上のもっとも重要な論題の一つである範疇論として内容的に展開されていった。アリストテレスにおいてもカントにおいても、それは存在者のもっとも基本的な存在の仕方を意味しており、存在者が存在者として成立する根本的制約を意味している。そして、アリストテレスはそれを述語の諸形式を手引きとし、カントは判断の諸形式を手引きとして導出したのであった。この導出の仕方に対して、それが根拠薄弱であるとの非難がしばしば行われてきた。しかし、実は、そうではなくて、むしろ逆にこの導出方法には必然的な理由があるのであり、存在者の存在者性に関する秘密がそこに隠されている、と思われるのである。その秘密とは、存在者がかくかくのものとして存立するということは、人間がそのようなものとして見（idein）、そのようなものとして語り（katêgorein）、そのようなものとして判断する（urteilen）ことにより現れる、という事態に他ならない。これは、ハイデガーがパルメニデスの断片三「なぜなら、思惟と存在は同一であるから（to gar auto noein estin te kai einai）」を手がかりにして、存在と思惟の相互依存的共属関係を明らかにした際の、あの事態である。だから、事柄自体の強制がアリストテレスをして存在者の存在形式を述語の諸形式として取り出さしめた、と解すべきである。もともとカテーゴリアーの動詞カテーゴレオーは、「告訴する」「知らしめる」という意味の言葉であるが、語源的には「kata-agoreuô」であって、この意味は、ある人物に対して（kata）この者がかくかくの人柄でありかくかくの行為を為したということを広場で公衆に公に語る（agoreuô）ということである。ここから、この語は一般的に「事柄を明らかにする、知らしめる」という意味を帯び、さらには「説明する、肯定する、述語する」という意味を得るに至ったのである。哲学的術語と化する以前の本来のこの日常的な意味こそが、哲学的術語と化したカテゴリーの中核を成す意味である。すなわち、カテゴリーとは公共的世界において語られた存在者のなんであるかということであり、この語りによる開示によって存在者が存在者として存立するということに他ならなかった。

3　自然の目的論

常に同じように

「自然的なものごとはすべて常に同じように生成するか、おおよその場合に同じように生成する。これに対して、テュケー（偶然）やアウトマトン（自発性）から生ずるものごとはどれもそうではない」（『自然学』一九八B三五―六）。これは自然の合目的性を論証するためにアリストテレスがしばしば提出する論点で、かれの意図としては主要かつ強力な論点であったに違いない。まず、この引用文では「常に同じように生成するもの」と「テュケーやアウトマトンから生成するもの」とが対比されている。このことから直ちに明らかなことは、ここでテュケーやアウトマトンは無秩序を意味しており、しかも客観的な秩序の乱れを意味している、ということである。すなわち、自然的世界の出来事においては、冬に酷暑がくるとか夏に氷が張るというようなことも希には起こるであろうが、こういう秩序の乱れは例外的な異常な出来事であって、自然的生成はおおよその場合に整然たる秩序に従っている、ということなのである。そして、このことは誰も否認できない客観的事態であって、後代になって「自然の整一性（uniformity of nature）」という概念に結晶する自然的存在者の存り方をアリストテレスはここで「常に同じように（aei hôsautôs）」という表現で指示しているのである。

だが、自然には確固たる秩序があるというこの確認がどうして自然の合目的性を主張する論拠になりうるのだろうか。なぜなら、原子論者のレウキッポスはこう言っているからである。「なにものも無秩序には生じない。むしろ、すべてはロゴスから、そして、必然（アナンケー）に従って生ずるのだ」（断片二）。すなわち、秩序があるということはそこにロゴスがあるということを含意しているが、そのロゴスは合目的性ではなく、必然の定めであるかもしれないのである。したがって、「常に同じように」という表現によって確認されている事態は、本来の意味での合目的的秩序と無目的的法則性の両者であって、アリストテレスは「常に同じように」という表現の中ではこの両者を区別できていない、と言わざるをえないだろう。しかし、アリストテレスは自然の合目的性については、「自然の整一性」よりもさらに強力な論点を持っていたのであり、そこにおいてかれの形相優位の実体論の意味が明白に現れてくるのである。

生物からの視点

「さて、自然の合目的性は、人間以外の諸他の動物において、もっとも明白である。すなわち、技術（technê）にもよらず探究（zêtein）にもよらず思案（bouleuein）を経もせずにものごとを［合目的的に］為す諸動物がそれである。そのために、蜘蛛や蟻やその種のものが活動するのは理性（nous）によってなのかそれともなにか他の能力によってなのか、ある人々は疑問を感じて議論している」（『自然学』一九九A二〇―二三）。このアリストテレスの主張は、おそらく目的論的世界観にとって、いつまでも廃れることのない最強の論証であろう。実際、生物の世界には、至るところに、否定すべからざる合目的性がみられる。たとえば、最近読んだ一例だが、新生児に人工乳ではなくて母乳を飲ませることの必要は、ただ単に栄養上の観点からだけではないそうだ。すなわち、最初の母乳はかなりの病気に対する免疫力をもっていて、生まれたばかりの弱い乳児はこれによって病気から守られるそうである。では、こういう事態の本質的特徴はどこにあるか。それは、あたかもそこに意図が働いているかのごとくだ、という点にある。アリストテレスが、自然の合目的性は人間以外の動物において――右の例で言えば、人間の非意識的活動において——もっとも明白である、と言うとき、その意味はこの点にある。

あたかも理性に基づくかのごとくに

つまり、こういうことである。人間自身の意識的行動は、それが理性（意識、意図、意志）に基づく以上、明らかに合目的的である。合目的性という事態のもっとも直接的で明白な領域はここにある。だが、蟻が巣を作って食物を貯蔵したり、蜘蛛が糸を張って虫を捕らえたりしている様をみれば、かれらもまた人間と同じように目的を設定し、その目的の実現に有効な手段を整えている、と思いたくなるだろう。かれらが、事実、技術を開発しているのか、探究しているのか、思案しているのか、そういうことはなにも確かには解らないが、かれらの振舞いから判断するに、かれら自身があたかも人間と同じように理性（ヌース）によって行動しているか、あるいは、かれらの背後に大きな理性が隠れていてかれらを動かしているか、そのどちらかではないか、と思いたくなるのである。つまり、あたかも理性に基づくかのごとくに、あたかも探究や思案の結果であるかのごとくに、あたかも技術によるかのごとくに、事柄が生起している事態を、アリストテレスは合目的的と言っているのである。

この事態は、動物界において——最高度には人間において——もっとも際立っているが、さらに探究を進めてゆけば植物界においても同様に成立していることが解る、とアリストテレスは言っている。葉の働き、幹の働き、根の働き、種子の働きなどがいかに精緻な合目的性を示しているかということについて、さらに言葉を重ねる必要はないだろう。そこで、以上の議論によってアリストテレスが提出している論点は、次のようにまとめてよいだろう。

あたかも理性の統括下にあるかのごとき自然

合目的性とは、根源的には「理性による目的の設定とその実現の過程の示す構造」のことである。それはもっとも具体的には技術の示す構造であり、だから、技術からのアナロジーが自然の合目的性の議論の中にふんだんに用いられたのである。そこで、自然的存在者のあり方をみると、その中に、あるいは、その背後に理性があるかどうかということは不明だが、しかし、その存在の仕方の構造はあたかも理性の統括下にあるかのごとくに形成されている。だから、この不明の部分を括弧に入れて、現象的な構造だけを純粋に取り出すことにしよう。そうすると、自然的な存在者はすべて自己に固有の到達点（目的、テロス）をもっており、その存在者の活動はことごとくこの到達点の実現に寄与するようにできていることが解る。トマトの種子は必ず赤い酸っぱい実をみのらせるのであり、ドングリの実は必ず亭々たる樫の大木へと成長するのである。トマトからみみずが生まれたり、ドングリの実がキャベツに成るというようなことは、決してない。この自己形成の原理がアリストテレスの言う形相であり、自然的存在者が自分自身のうちに自分自身の存在の仕方を決定する原理をもっているということが、形相優位の実体論の真の意味であったのである。

第11章 エピクロス

1 ヘレニズムという時代

アレクサンドロス大王

ヘレニズムとは、アレクサンドロス大王の死（BC 323）に始まり、アクティウムの戦い（BC 31）で、オクタヴィアヌスがアントニウスを破ったときをもって終わる。マケドニア王アレクサンドロスは、内紛と抗争で自治能力を失ったギリシア諸都市を支配下に置いた後、東方遠征に乗り出し、まず、ペルシア帝国を滅ぼし、さらに、東方ではインダス河にまで至る地域を征服し、南西方ではエジプト、バビロニア、シリア、パレスティナ諸地方を征服し、最後に、バビロンを首都と定めて、その大遠征を終結した。その遠征は、八年半に及び、その行程は一万八千キロに達した、と言われる。

図 11-1　イッソスの戦い　左がアレクサンドロス大王，右がペルシア王ダリウス三世，ポンペイ出土の壁画

この大遠征により、古典ギリシアの社会体制は消滅したが、他方、ギリシア文化の世界的規模での伝播の地盤が準備された。かれは、遠征の途次、各地にアレクサンドリアのごとき植民都市を建設し、遠征軍のギリシア兵士と土着民との結婚を奨励し、また、遠征軍に随行したギリシア人の学者、技術者、商人などは、ギリシア本土の習慣、制度、建築、芸術、その他の文化を移植した。アレクサンドロスは、各地の神官たちから「神の子」として遇されたことから、自己神化の観念をもつに至り、自らを神として尊崇するよう本土のギリシア人にまで要請し、また、ペルシア式の統治方式を採用して大王と称したが、これらは、かれが、すでに古典的ギリシアの政治社会体制（もしくは、人間観）を逸脱したことを示している。アレクサンドロス大王は、バビロン入城後急死したが、かれの死後、この巨大な帝国は幾つかの王国に分裂し、それぞれに繁栄したり衰微したりしつつ、約三〇〇年後のローマ帝国の勃興に至るまで、ヘレニズム世界を形成するのである。

悲惨と混乱の時代

さて、アリストテレスの死（BC 322）とアレクサンドロス大王の死は、ほとんど同時であったが、この両者の死をもって、古典期ギリシアの文化と社会は終焉した、と言ってよいだろう。この時代、ギリシア本土の諸ポリスは血なまぐさい抗争に明け暮れ、文化的にも衰微し、人々はギリシア人共同体の意識を失っていった。どこを見ても、剣と暴行と血と火災と略奪と虐殺と奴隷化が蔓延した。貧困者が増大し、自由人も奴隷も同じような貧民になった。少数の富裕大地主の出現に対し、莫大な数の奴隷が発生し、失業者はギリシア世界を放浪する武装集団になった。これが、古典ギリシアのポリス社会の崩壊の末路である。プラトンはこの末路の始まりを予見して、哲人王国家を説いたが、エピクロス（BC 341–270）はこの惨めな時代の真っ只中に生きた哲学者である。

地の糧による魂の救済

この時代、社会と歴史はあまりにも悪化しすぎていたから、もはや、社会正義による社会の再建は望むべくもなかった。人間は一人一人が今救われることを求めた。個人の魂の救済以外になにも望むことはできなかった。エピクロスは、このもっとも差し迫った問題に立ち向かい、プラトンやキリスト教のように天の国での救済を説くのではなく、大地の糧の旗を掲げる。この地上での救いを語った点に、エピクロス哲学の特徴があるのである。「哲学を行う振りをするべきではなく、本当に哲学すべきである。われわれが求めるのは、健康に見えることではなく、本当に健康であることだ」（ヴァチカン写真、五四）。

2　エピクロスの問題

エピクロスはサモス島に生まれたが、一八歳でアテナイに移住し、その後、自分の哲学サークルをレスボス島やトロイアの近辺に作ったが、前三〇七年にアテナイへ帰り、生涯をそこで過ごした。哲学の中心地で弟子たちを集めうる、という自信の現れでもあろう。かれは病弱で、胃と膀胱に持病をもっていた。このような病苦と貧困の中で、かれはどうすれば病気と折り合いをつけ、人生を幸福に過ごすことができるかを考えたのである。かれは、デモクリトスの弟子のナウシパネスの著作を通して原子論を学び、この世界観を基にして、エピクロス的幸福の秘密をほとんど独力で発見した、と考えてよいだろう。

伝道の人エピクロス

かれの学園は、アカデメイアやリュケイオンのような純粋に学問を研究する高等学術機関ではなく、政治生活から退き、固有の原則を守って生活する友人たちの団体であった。友情はエピクロス哲学において、特別の倫理的な意味をもち、エピクロスの庭園はそれを実現する場であった。当時、女性や奴隷は教育機関から排除されていたが、エピクロスの学園はかれらを受け入れたのである。

エピクロス哲学はギリシア人の生んだ唯一の伝道的な哲学である、と言ってよいだろう。アンティオキアやアレクサンドリアは初期のエピクロス哲学の拠点であったし、この哲学は後にイタリアやガリア地方にも広く伝わっている。トルコに紀元後二〇〇年頃の巨大な石碑がある。そこにエピクロスの教説の要約が記されている。庭園設立後五〇〇年経っても、この哲学は生きていたのだ。

図11-2　エピクロス　ブロンズ像（前3世紀前半）のローマ時代の複製

醒めた思考（抑制の生）

エピクロスは、一般に、口腹の快楽に耽溺するヘドニストと思われている。この流説は、「快楽が人生の目的である」と言うエピクロス自身の言葉と、ストア派その他の人々からの誹謗から生じた誤解である。この点について、かれはこう言っている。「さて、快楽（hêdonê）が目的（telos）であると、われわれが言うときに、われわれが意味していることは、放蕩者の官能的快楽ではない。ある人々が、誤解して、われわれの説を理解せずに、悪くとってそう考えているのである。そうではなくて、われわれの言う快楽とは、肉体において苦しまないこと（mête algein kata to soma）と、魂において混濁しないこと（mête tarattesthai kata psychên）なのである。なぜなら、絶え間なしに続く飲酒や、舞踏や、子供や女たちとの享楽や、豪華な食卓のもたらす山海の珍味が、快い生（hêdyn bion）を産むのではなく、醒めた思惟（nêphôn logismos）が、すなわち、すべての選択と忌避の原因を吟味し、魂を最大の混乱（thorubê）に陥れる思い込み（doxa）を追い払う思惟が、快い生をもたらすからである。これらすべての始めにして原理（archê）すなわち、最大の善は、思慮（phronêsis）である」（メノイケウス宛書簡、ディオゲネス・ラエルティオス『ギリシア哲学者列伝』〈『列伝』と略記〉第十巻一三一―一三二）。

エピクロスは禁欲の生を賛美したのである。欲望を理性によって統御し、欲望の数を減らす。エピクロスの園では、誰が一番質素な生活をするかで、人々は競争した。ニーチェもこう言っている。「贅沢な哲学者とは、小さな庭、無花果の樹、一片のチーズ、それに加えて、三四人のよき友。これがエピクロスの贅沢であった」（『人間的、あまりに人間的』Ⅱ「漂泊者とその影」一九二）。心の静けさ（ataraxia）としての快と肉体的苦痛の欠如（aponia）としての快があるとき、人は神のごとくに生きる。

哲学とは、アリスティッポスを通してソクラテスの系譜に連なるエピクロスにおいても、生き方の探求である。その生き方は、特別な教養のない普通の人々が誰でも幸福になれる道でなければならないだろう。エピクロスの基本的な姿勢は、外的な状況（運命、世界、社会、政治）を自分が左右できないものとして軽蔑し、自分の心を自分がコントロールできるものとして尊重する、という点にある。幸福の鍵は心の姿勢（diathesis）である。それについては、われわれが主人である。

四つの薬（恐怖心の除去）

さて、エピクロスは幸福に達する道を四つの薬（Tetrapharmakos）としてまとめた。四つの薬とは、（一）神々を恐れないこと、（二）死を恐れないこと、（三）快楽の限界を知ること、（四）苦痛の限界を知ること、の四者である。これらを理解すれば、われわれはゼウスと同じ浄福の境地に到達できる、とエピクロスは言う。そこで、これらの四者について、エピクロス自身の言葉（『列伝』第十巻一三九―一四〇）を引用することから考察を始めよう。

（一）「浄福にして不滅なる者は、自身煩いを持たず、他者に煩いを加えることもない（oute auto pragmata echei oute allôi parechei）。したがって、怒りや喜びに動かされることもない。なぜなら、すべてこのようなことは弱さにおいて（en asthenei）成り立つからである」。

（二）「死（thanatos）はわれわれにとって無（ouden）である。なぜなら、解体されたものは感覚せず（anaisthêtei）、感覚しないものはわれわれにとって無であるからである」。

（三）「快楽の大きさの限界はあらゆる苦痛の除去である。快楽のあるところでは、それが続いている限り、心の苦痛（to algoun）もなく、肉体の苦痛（to lupoumenon）もなく、両者の結合した苦痛もない」。

（四）「苦痛が肉体において連続的に続くことはない。そうではなくて、極端な苦痛は極めて短い間存在するだけだ。……長期にわたる慢性病は、肉体において、苦痛よりも、より大きな快楽を持つこともある」。

以上が、エピクロスの四つの薬である。エピクロスによれば、人間の不幸の原因は恐怖であるが、恐怖は、迷信と事柄についての無理解の二つに起因する。その無理解は真実を正面から見ないから生ずる。哲学の働きは苦しんでいる人々を癒すことであり、このテラピーを提供できない哲学は哲学の名に値しないのであるが、このテラピーは真実を徹底的に見ることから生まれるのである。

3 自然学

パルメニデスの大原則

エピクロス自然学の基本原理は以下のごとくである。

「まず、なにものも存在しないものからは生じない（ouden ginetai ek tou mê ontos）。なぜなら、［もしも、そういうことがあれば］、なんの原因（種子、sperma）もさらに要らないのだから、どんなものがどんなものからでも生じたであろう。

さらに、もしも消滅したものが非存在へと（eis to mê on）滅亡したのならば、万物は滅亡してしまっているだろう。なぜなら、万物がそこへと滅亡すべきものが存在しないのだから。

さらに、万物（宇宙、to pân）は、今あるがごとくに常にあったのであり、これからもそのようにあるだろう。なぜなら、それがそこへと変化しうるなにものも存在しないのだから。というのは、万物の外には、なにも存在しないのであり（para to pân outhen estin）、万物の中に入り込んで変化を惹き起こしうるなにものも存在しないからである」（ヘロドトス宛書簡、『列伝』第十巻三八―九）。

ここに展開されている思想は、エピクロスの独創ではない。この思想の根源には、パルメニデスがいる。存在は存在する。存在は生まれることも滅びることもありえない。それ故、生成消滅とは虚妄である。したがって、無は、端的に無であって、考えることも語ることもできない非存在である。この決定的な大原則を多少の変更を加えながら受容して、デモクリトスは原子論を樹立したのだが、エピクロスはそれをさらに受け継いで発展させた。

無からはなにも生じない（永遠不変の宇宙）

上の引用文の第一段落は、「無からはなにも生じない」と言っている。宇宙にあるすべてのものはなにかから生成したのであって、原因もなしに出鱈目に生まれたのではない、という意味である。

第二段落は、事物が消滅するときには、そこへと消滅してゆくなにかが存在するのであって、無に帰するのではない、と言っている。もしも、無に帰するのならば、宇宙全体はとっくに消滅しているだろう。

第三段落は、自明の命題である。宇宙（全存在者、存在）は、定義上、存在者のすべてを包含するのだから、宇宙の外には、宇宙の中に入り込んできて、変化を惹き起こしうるような何物もありえない。そこから、現時点において成立している事態は、過去未来の永劫にわたり、妥当する、という帰結が生ずる。この点では、この思想は、ニーチェの「同一なるものの永劫回帰」に酷似している、とも言える。ただし、エピクロスもニーチェも、宇宙が進化のプロセス（歴史的存在）であることを知らなかったから、「同じものの永劫回帰」を考えているが、われわれならばそうは考えないだろう。ただし、「存在は存在する」、「存在は超時間的である」、「無は、考えることも語ることも許容されない非存在である」というパルメニデスの基本原則は、ハイデガーに見られるように、今日でもわれわれに思索を強要する巨大な真実を指示しているであろう。

原子と空虚

それでは、この宇宙の内部構造はどのようにできているだろうか。「さらに、万物は物体（sômata）と空虚（kenon）である。なぜなら、物体が存在することは、感覚（aisthêsis）それ自体が至るところで証言しているのであり、感覚に基づいて理性（logismos）は不明なものを推理せねばならないからである。そして、われわれが空虚（kenon）とか、場所（chôra）とか、不可触の自然（anaphês physis）とか名づけるものが存在しなかったとすれば、物体は存在するところも動き回るところも持たなかったであろう。ところが、物体は明らかに動き回っている」（『列伝』第十巻三九―四〇）。すなわち、全宇宙のすべての存在者の不生不滅の究極の構成要素は、物質（不可分の原子）と空虚であり、それ以外にはなにもない。そして、原子の数は無限であり、空虚の広がりも無限である。なぜなら、原子の数が無限でなかったならば、有限数の原子は無限の空虚中に拡散して無きに等しくなるであろうし、空虚が無限でなかったならば、無限数の原子を容れる場所がなくなってしまうであろう。また、原子は数において無限であるばかりではなく、形においても多様であり、重さにおいても多様である。なぜなら、これほど多様な世界を構成するには、単一の形体の原子だけでは不十分であるからである（原子〈不可分子、atomon〉が形や重さにおいて多様であるのは不合理だと考えられるが、この点では、原子が無限に可分的だとは、エピクロスは考えていなかったらしい。この点に、初期の原子論に対するかれの新しさがあるかもしれない）（『列伝』第十巻四三を参照）。

等速落下運動する原子と偶然の逸脱

さて、以下では、以上に述べたエピクロス自然学の基本原理に基づいて、かれの自然学の骨子をごく簡単にまとめ、かれの哲学の核心へと急ぐことにしよう。デモクリトスは、原子が空虚の中で必然的に運動することを根源的事実と見ていた。これに対し、エピクロスは重さをもたない物体は運動できない、と考えていた。すなわち、エピクロスの宇宙では、すべての原子は重さの故に落下運動をする。ただし、重い原子も、軽い原子も、大きい原子も、小さい原子も、なんの抵抗体にも遭遇しなければ、等速で（isotacheis）落下するのである（『列伝』第十巻六一）。ところで、諸原子は空虚中を真っ直ぐ下方へ落下するとき、不確定の時、不確定の場所で、自らの進路からわずかに逸れる。これはまったく偶然に起こる。エピクロスの構想する宇宙のうちには相対的不確定性の原理（つまり、なんの理由もない偶然）が組み込まれている。一個の原子のとる行動は完全に予測しうるものではなく、それ故に、また、宇宙の行く方も決定されてはいない。この原子の逸れから、原子同士の衝突が生じ、縺《もつ》れが生じ、巨大な物体が生じ、宇宙が生じたのである。

事物は原子の暫時の絡まり合い

存続する事物、たとえば、人間も犬も松も、同一の原子を保持しながら、同一の事物である、のではない。原子は絶えず事物の表面から離れ去って行き、別の原子がその事物に衝突して絡め取られてゆく。要するに、事物とは、一定の形で絡まり合った原子が、流出流入を繰り返しながら、一定の期間、一定の形の下で持続する、というだけのことである。

これによって、感覚も説明される。視覚も聴覚も嗅覚も、すべて、事物から放出される流出物がわれわれの感覚器官の中へ入ることにより、成立するのである。

エピクロスは、この自然学体系が、神的原因や目的論的説明を排除することにより、人間からあらゆる恐れを取り除き、慰めを与えうる、と考えていた。無限の空虚の中で、無限数の原子が無目的的に飛び交い、衝突し、結合と分離を繰り返し、無限の世界が生成し、消滅し、これらが果てしなく反復回帰する。

このような自然学が現代のわれわれにとって妥当であるかどうかは、この際、問題ではない。この自然学は、エピクロスにとって最重要な事柄、すなわち、人間から神と死についての恐怖を取り除き、真の幸福とはなにかを、教えるための道具立てであったのである。

4 死

死とは絡まり合った原子の塊の解体

主要教説の第二条はこうである。「死（thanatos）はわれわれにとって無（ouden）である。なぜなら、解体されたもの（to dialuthen）は感覚しないからである。そして、感覚しないもの（to anaisthêtoun）はわれわれにとって無である」（『列伝』第十巻一三九）。上に述べた自然学からの必然的帰結として、死とは、人間（もしくは、動物）という形のもとに暫時のあいだ結ぼれ絡まりあった原子の集塊の解体である。解体し、原子が四散すれば、もはや、そこには、感覚し思考する主体は存在しない。それ故、そこには、苦痛もなく、恐怖もなく、ましてや喜びもない。もちろん、賞罰を受けるべき主体もない。なにもないのだ。死の恐怖を抹殺しようとするエピクロスのこの情熱は、逆に、ヘレニズムの暗い悲惨な時代の中で、いかに人々が死を恐れていたかを示している。死後の処罰を恐れて人々は宗教的祭儀に与り、浄めの密儀に参加し、さまざまな迷信的呪術に囚われていた。死後の存在を信じない人々でさえ、死を恐れた。この死への恐怖の根を、エピクロスは一挙に切り捨てようとする。上述の議論は、死の恐怖に対するいわば自然学的論駁であるが、さらに、かれは、いわば実存的論駁とも言われるべきものを展開する。この論駁は、かれの思想の核心を雄弁に提示しているので、少し長く引用しよう。

「死はわれわれにとって無（mêden）だ、という考えに習熟せよ。なぜなら、すべての善悪は感覚（aisthêsis）のうちにあるからだ。そして、死とは感覚の欠如（sterêsis）なのである。それ故、死はわれわれにとって無であるという正しい認識は、この死すべき生を愉しいものにする。無限の時間を付け加えることによってではなく、不死への憧れ（pothos tês athanasias）を取り去ることによって、である。なぜなら、生きていないことのうちにはなにも恐ろしいものがないことを真実に理解した者にとっては、生きていることのうちになにも恐ろしいものはないからである。それ故、死は現前して（parôn）私を苦しめるのではなく、やがて来るものとして私を苦しめるから、私は死を恐れるのだ、と言う人は、愚かである。なぜなら、現前するとき苦しめないものが、空しく（無根拠に、kenôs）未来を予期する者を苦しめているからである。」（『列伝』第十巻一二四―五）。

死はどこにも存在しない

「それ故、諸悪のうちの最悪である死は、われわれにとっては無である。なぜなら、われわれが存在しているときには、死は存在せず、死が存在するときには、われわれが存在しないからである。それ故、死は生きている者にとっても存在せず、死んだ者にとっても存在しない。なぜなら、生きている者にとって死は存在せず、他方、死んだ者はかれら自身存在しないからである。

ところが、多くの人々は、死を、あるときは最大の悪として忌避し、他のときは生の中のさまざまの悪からの解放（休息、anapausis）として選択する。これに対し、賢者は生きることを軽視することもなく、生きないことを恐れることもない。生きることがかれにとって邪魔になることもなく、生きないことが悪である、とかれが考えることもない。ちょうど、食事のときに、なにがなんでも多量の食物を摂るのではなく、もっとも美味の食物を摂るように、賢者は最長の時間を享受するのではなく、最も快い（hêdiston）時間を享受するのである」（メノイケウス宛書簡、『列伝』第十巻一二五―六）。

5　神々

人間界に無関心な神

エピクロス哲学の眼目は「いかにして幸福になるか」であり、それはまず「人々を死の恐怖から解放する」ことにより礎石が置かれることが前節で明らかになった。これに次いで、第二の礎石は「人々を神々の処罰という恐怖から解放する」ことである。エピクロスは神々の存在を否定したわけではない。むしろ、世界中に、これほどさまざまな宗教が存在し、人々がそれらを信仰している以上、神々は存在すると考える方が普遍的な考え方（koinê noêsis）であろう（メノイケウス宛書簡、『列伝』第十巻一二三）。エピクロス自身もアテナイで行われていたさまざまな宗教行事に普通の人々と同様に参加していたであろうし、そのような振舞いに特別異を立てていたわけではない。

　しかし、エピクロスは、常識的なエピクロス理解には異に思われるかもしれないが、多くの人々が考えているように神々を考えることが不敬虔（asebês）である、と言っている。すなわち、神々が人間界に関心をもち、人間の仕業に一喜一憂し、悪者を処罰し、善人に褒賞を与える、と信ずることが誤謬なのだ、と言う。なぜなら、このような在り方は神の観念に矛盾するからである。すなわち、神々はまさに浄福であり不滅であるが故に、人間界に無関心なのである。ここに、かれの神観念の特異点がある。主要教説の第一条は以下のごとくである。「浄福にして不滅なるもの（to makarion kai aphtharton）は、自分自身煩いをもたず、他者に煩いを与えることもない。したがって、怒りや喜びに囚われることもない。なぜなら、すべてのこのようなことは、弱さから起こるからである」（『列伝』第十巻一三九）。

神々もまた存在者（合成体）

エピクロスの宇宙では、究極の実在は原子と空虚のみであり、他のすべてのものはこれら両者の合成体である。したがって、神々もまた原子と空虚からなる合成体なのである。しかし、神々は、すべての合成体のうちで、もっとも安定した、壊れにくい、美しい形をした、合成体であり、喜怒哀楽に左右されない静謐な幸福のうちにいる。それ故、かれらが戦争や飢餓や病気で常に狂乱状態のうちにある人間界に介入することは、かれらが自らの浄福を自らかき乱すことであり、かれらにとっては自己矛盾の行状に他ならない。

　神々は、小宇宙と小宇宙の間の希薄な場所にいて、なにものにも煩わされない静けさのうちにいる。その存在の不滅性とは、相似形の原子の集塊が絶えず連続的に去来することにより形成される実質なき形式的自己同一性であり、いわば、絶えず流れ去る水の形体により形成される滝の自己同一性のごときものである。それ故、人間界に関心をもたない神々から、生前にせよ、死後にせよ、不幸とか、処罰とか、なんらかの影響を受ける、と考えることは誤謬である。それに、死後は、われわれ自身が無であることはすでに論証されていたのである。

「人間に無関心な神」。これが神々への恐れから人々を解放する、エピクロスの奥義である。しかし、この神観念はどこから来たか。それはエピクロスの幸福概念から来たのである。幸福とは、心がかき乱されないこと（ataraxia）である。肉体的には痛みがないこと、精神的には平安であること、このとき人間は幸福である。しかららば、人間よりも遥かに幸福な神々がどうして人間の惑乱に介入することがありえようか。

6 快楽

人生の究極目的は幸福である。幸福とは快楽であり、快楽とは「肉体が健康であること（hê tou sômatos hygieia）」と「魂が平安であること（hê tês psychês ataraxia）」である。これが、エピクロスの基本的立場である。エピクロスはこの主張に証明が必要であるとは、考えていない。それは、雪が白く、火が熱いことに、証明も議論も必要ないように、自明の事実だからである。

魂の平安と肉体の無痛

「さて、欲望のうちで或るものは自然的（physikai）であり、或るものは空しい（kenai）。さらに、自然的な欲望のうちで、或るものは必然的（anagkaiai）であり、或るものは単に自然的である。さらに、必然的な欲望のうちで、或るものは幸福にとって必然的であり、或るものは肉体の不調を脱するために必然的であり、或るものは生きること自体（auto to zên）のために必然的である。これらのことについて明晰な認識を持つ者は、すべての選択と忌避を「肉体の健康と魂の平安」のために行うことを知っている。なぜなら、これが浄福な生の究極（tou makariôs zên telos）であるからである。すなわち、われわれは肉体が苦しまないように（mête algômen）、心が恐怖で惑乱しないように（mête tarbômen）、すべてのことを行うからである。そして、ひとたび、このことがわれわれに到来すれば、魂のすべての暴風は静まるのである。……この故に、快楽が浄福な生の始め（archê）であり終わり（telos）である、とわれわれは言う。なぜなら、快楽が原初の本性的な善（agathon prôton kai suggenikon）であることを、われわれは知っているからである」（メノイケウス宛書簡、『列伝』第十巻一二七—九）。

自然の欲望に従って生きる

やや長い引用になったが、この文章のうちにエピクロスの倫理思想の核心はほぼ含まれている。まず、快楽が根本的な善であることは証明を必要としない事実である、とエピクロスは言う。なぜなら、われわれはすべての選択と忌避を快楽に基づいて行うからである。それは、人間ばかりではなく、すべての生物がそうだからである。「すべての生物は生まれると同時に快楽を喜び、苦痛と戦う。それは、本性的であり、理性以前にそうである」（『列伝』第十巻一三七）。こうして、快楽はすべて基本的に善であるが、このとき重要なことは、その快楽をもたらす欲望が自然的である、という点である。肉体は、飢えないように、渇かないように、寒くないように、と叫ぶ。もし、人がそういう状態にあるならば、かれはゼウスと幸福において匹敵するだろう。だから、基本的な肉体的欲望を満たすことが大切なのであって、不自然な欲望への耽溺はむしろ厳しく戒められている。なぜなら、目前の快楽に無抑制に溺れることにより、後に巨大な苦痛に苦しむ、ということがあるからである。そこで、エピクロスはこう言う。「自然（physis）の富は、限界をもち（hôristai）、容易に獲得できる。これに対して、空しい妄念（kenôn doxôn）によって求められる富は、際限もなく暴走する」（主要教説一五、『列伝』第十巻一四四）。なぜなら、自然は必要な快楽は容易に獲得できるようにし、不必要な快楽は獲得困難なものとしたからである。ここに、快楽における選択と忌避の尺度がある。一度この尺度を踏み越えると、空しい妄念による快楽の追求は箍《たが》が外れて無際限に暴走を開始し、人はむしろ苦しみの坩堝《るつぼ》に落ちる。

パンと水

それだから、エピクロスは「快楽の追求」によって「自足と質素」を説いたのだ、と理解すべきであろう。もちろん、善の追求には肉体の自然的で必要な欲望の充足、という尺度がある。この尺度を忘れると、われわれは幸福に関して羅針盤を失い、非人間的な禁欲主義か無抑制な享楽主義に陥る危険にはまる。だから、自然という尺度が極めて重要なのである。「自足（autarkeia）が偉大な善である、とわれわれは考える。なにがなんでも、わずかなもので生きよ、というのではなく、多くのものを持たなければ、わずかなものでわれわれは満足する（arkômen）のである。贅沢を必要とすることもっとも少ない人が、もっとも快い贅沢を享受している（hêdista polyteleias apolauousin）のであり、自然的なものはすべて（to physikon pân）容易に手に入るのに対し、空しいものの入手は困難であるからである。質素な食事は、もし苦しみと不足が取り除かれるならば、豪華な食事と同じ快楽をもたらすのであり、パンと水は、もし飢えた人がこれを得れば、この上ない快楽（akrotatên hêdonên）を与えるのである」（『列伝』第十巻一三〇—一）。

さて、そうであれば、豪華な食卓や過度の飲酒や無抑制な性的享楽がエピクロスのいう快楽でないことは、明らかである。飲食や性的快楽自体が悪だ、と言われているのではない。そんなことは生の自己否定である。そうではなくて、自然という尺度を逸脱した快楽が、後にむしろ苦痛や心の混乱を惹起するが故に、悪だ、と言われているのである。そこで、もっとも大事なものは、自然に基づいて選択や回避を行わしめる思慮（phronēsis）もしくは理性的判断（logismos）である、ということになる。食物や衣服や住居への欲望は自然的であり、不可欠な快楽であるが、この場合できるだけ不必要な贅沢を取り除いた単純な生き方が、ここで求められている快楽に他ならない。

徳は快楽への手段

徳（aretē）は、それ自体に意味があるのではなく、このような快楽を成就する手段として意味がある、とエピクロスは言う。すなわち、正義とは「根本的には、人間同士が互いに害し合うことを止めるために交わした約束（法）であり、したがって、法を守ることによって、他者からの加害から守られ、心の平安を保てる」から善いのであり、節制とは「目前の快楽を抑制することによって、未来の苦痛を免れしめる」から善いのであり、勇気とは「死や神々へのいわれなき恐怖を克服せしめる」から善いのであり、知恵とは「無知の故に迷信に苦しめられることから人を解放する」から善いのであり、その他もろもろの徳についても、同様である。徳はすべて快楽へ到達するための手段として意味をもつのである。

こうして、快楽が幸福の基礎であることは、確立された。では、快楽の究極はどこにあるか。

7　友情

「全人生を通して浄福（makariotês tou holou biou）へ到達するために、知恵（sophia）が用意したもののうちで最高度に重要なものは、友情（philia）の獲得である」（主要教説二七、『列伝』第十巻一四八）。すなわち、最高度の快楽とは、「他者との交わり」なのである。それだから、エピクロスは人生の安全についてこうも言う。「永遠に恐れるべきもの、あるいは、長期にわたり恐れるべきものは、なにもない、とわれわれを勇気づけたあの理性的判断（gnômê）は、この有限な生においてわれわれの安全を最高度に成就するものは友情（philia）に他ならない、と洞察した」（主要教説二八、『列伝』第十巻一四八）。エピクロスは万人に対する人間愛によって有名であった。エピクロスの人間愛はおおよそ次のように描かれている（『列伝』第十巻九―一二）。

友愛の人エピクロス

かれは万人に対して限りない善意（eugnômosynê）をもっていた。祖国はかれを銅像で讃えた。かれの友人はあまりに多数で数えられない。かれを知っている者は、すべて、かれの教説の魅惑の虜となり、あたかも魔女セイレンの歌声によるかのように、身動きもできなくなったほどである。かれの学園は、ほとんどすべての他の学派が死に絶えた後でも、次々に学頭を引き継いで存続した。かれの両親への感謝、兄弟への寛大さ、奴隷への優しさは、遺言によって、また、かれらが学園のメンバーであり、とりわけ、奴隷のミュースがもっとも評判の高いメンバー（eudoxotatos）であったことからも、証明されている。

神々に対するかれの敬虔さ（hosiotēs）、祖国に対するかれの愛情（philia）は、筆舌に尽くせない。友人たちは八方からやって来て、かれの庭園でかれと共に暮らした（sunebioun）。かれは極めて単純で質素に暮らしていた。かれは、いつもは水を飲んでいて、ワイン一杯で満足した。かれ自身が手紙の中で言っている。「水とただのパンだけで満足だ。それから、小さな壺にチーズを入れて送ってくれ。豪華な饗宴を楽しめるように」と（『列伝』第十巻十二）。これが、「快楽が人生の目的である」という教説を立てた男である。

自由な学園

この時代が流血と動乱の時代であったことには、すでに触れたが、その只中にあって、エピクロスは小さな平和の楽園を確立しようとしたのである。そこには、周辺の世界とは異なり、男女の差別、ギリシア人の優越意識、奴隷制度に由来する差別、などは存在しない。ここでは、神々は恐怖の対象ではなく、自然の恵みを寿《ことほ》ぐ祝祭の一環であり、エピクロスが国家の宗教祭儀に忠実であったのも、この意味においてであろう。また、かれが公共世界から離脱して生きることを勧めるのも、政治の世界が虚偽と策謀と暴力の世界であり、これらが「魂の平安（ataraxia）」を不可能にするからである。エピクロスの園には、自由人のみならず、奴隷も、女性も、自由に出入りし、自由に学び、自由に恋愛し、質素な暮らしを競い合って、幸福を求めた。当代の一般社会習俗からあまりにも異なるこのような自由の学園に対しては、一般社会の人々から放縦な生活に耽溺する非道徳の徒という讒謗《ざんぼう》が投げつけられた。後世、エピキュリアンという語にまつわる金と暇をもてあました遊蕩の徒というイメージは、以上によりまったく当たらないことが明らかになったであろう。エピクロスは、むしろ、あくまでも真実を追求する人、偽善を嫌う、単純、率直、優雅、思いやりに富む人であり、どちらかと言えば、社会の下層の人々に追随者をもっていた。かれの最後と遺言がこれらを証《あかし》している。

エピクロスは、二週間病んだ後、排尿困難の尿道結石で死んだ。かれは青銅製の風呂で温水に浸り、生《き》のぶどう酒を求めて一気に飲み干し、友を呼んで、かれの教説を記憶に留めるよう告げた。これが、かれの最後の言葉である。

「友よ、さようなら。私の教説を記憶せよ」。

かれの遺言は、図書の遺贈、多くの人々への財産の分与、学園の維持のための基金の確立、男女の奴隷の解放、娘たちの結婚への配慮、学園祭やメンバーの誕生日の祝いの規定、などを細々と記してあり、かれの優しい人柄と常識に富んだ人生への配慮を証明している。そして、遺言の最後はこうだ。

「私の人生のこの浄福にして最後の日にあたり、私はこう記す。私に付きまとう排尿困難と下痢症状は、これ以上にはありえないほどの大きさになった。しかし、これらすべての困難に対して、われわれが交わした過去の対話の記憶についての心の喜び（to kata tên psychên chairon）は、それに匹敵するものである」（『列伝』第十巻二二）。

これが、快楽を善とし、快楽とは「肉体の無痛」と「心の平安」である、と説いたエピクロスの最後の言葉である。

第12章 ストア哲学

1 ソクラテスの精神の陰——実践的継承者

エピクロスの園と並んで、ヘレニズム時代の思想を代表するもう一つの学派は、ストア学派である。ストア学派は、前三〇〇年にゼノンが学派の基礎を築いてからローマ時代にエピクテートスやマルクス・アウレリウスが活動するまで、前後四〇〇年以上にわたって存続し、さらに、近代にはスピノザやカントにまで影響を及ぼした巨大な学派である。この学派は、ゼノン（Zênôn, BC 333/2–262/1）、クリュシッポス（Chrysippos, BC c.280–207）を代表とする初期、パナイティオス（Panaitios, BC c.185–100）ポセイドニオス（Poseidônios, BC c.135–c.51）を代表とする中期、エピクテートス（Epiktêtos, c.55–c.135）、マルクス・アウレリウス（Marcus Aurelius, 121–180）を代表とする後期（ローマ期）の三期に分かたれるが、本章では初期にのみ焦点を当てる。けだし、この学派の思想には時代を通じて非常な体系的一貫性があり、初期はその基礎をもっとも単純明快に示しているからである。ただし、資料としては、初期のストア哲学についてはアルニムによって収集されたわずかな断片が残るのみであるから、エピクテートスやマルクス・アウレリウスも援用される。

ストアの始祖ゼノン

ストア哲学を創始したゼノンは、東地中海のキュプロス島に生まれ、二二歳のときに文化の中心地アテナイに来た。かれは、クセノフォンの書物を通してソクラテスを知り、また、ソクラテス的な生き方を実践していたキュニコス派（「犬のような人々」という意味）のクラテス（Kratês, BC c.365–c.285）と交わって、その哲学から大きな影響を受け、それに追随しようとした。キュニコス派は、有名な樽のディオゲネス（Diogenês, BC ?–323）の生が示しているように、いわゆる世間的な価値、富、名声、社会的地位、容姿などを真の幸福には無関係なものとして蔑視し、ただ、自然に従って生きること、もしくは、有徳であることのみを幸福の要件とした。かれらは、生きるために肉体が必要とする最小限のもの以外にはなにも求めないようにと、自己の心身を鍛錬し、それによって自然に従い、有徳になり、最高度の自由に到達しようとしたのである。かれらの究極的価値は大宇宙の自然に従って生きることであったから、そこから、当然、慣習、社会的地位、富、出自、人種、その他の差別は、幸福にとっては意味のないもの、無関係なもの（adiaphora）、という帰結が出てくる。さらに、そこから、かれらは自分の故郷は宇宙（kosmos）にある、という意味で、自分を宇宙市民（kosmopolitês）と称した。キュニコス派のこれらの思想は、すべてそのままゼノンに引き継がれ、ストア哲学の基礎となった、と言ってよいだろう。

さて、ゼノンとかれに従う人々は、通常、アテナイのアゴラにある彩色柱廊（stoa poikilê）に集い、哲学を論じ合ったので、ストア派と呼ばれることになった。ストア派は、自分たちがソクラテスの徒と呼ばれることを喜んだ。なぜなら、かれらの倫理の中核にある「善と知（理性）との同一視」、および「非倫理的な善（富、名声、容姿など）に対する無関心」は、完全にソクラテスの精神の延長上にあるからである。だが、ソクラテスやキュニコスには、真理への息吹はあったが、体系がなかった。この息吹を体系化したところに、ストア哲学の根本的特徴がある。以下、「自然学」「倫理学」「神の観念」の順に、かれらの思想を追跡しよう。

2 自然学

ソクラテス以前の自然学の伝統

まず、ストア哲学においては、宇宙全体が自然であり、神であり、理性（ロゴス）である。これら三つの言葉は同じことを指している。この考え方は、はっきり、ソクラテス以前の自然哲学の伝統を受け継いでいる。かれらにとって、宇宙（自然）は神であり、ロゴス（理性）によって隅々まで支配されている理性的統一体であった。たとえば、アナクシメネスの系統を引くアポロニアのディオゲネス（前五世紀盛期）はこう言っている。

「すべてのものには尺度（metra）がある。冬と夏、夜と昼、雨と風と太陽。このような配分は、理性（noêsis）なしにはありえなかったであろう。そして、もしも人がよく考えるつもりがあれば、その他のものもまたもっとも美しく（kallista）秩序づけられていることを、発見するであろう」（断片三）。アポロニアのディオゲネスでは、万物の根源は空気（aêr）であるが、ストア派では、それは「霊もしくは火（pneuma）」となる。両者において、万物は程度の差はあれ生きていて、その命の源は宇宙霊（神）である。

プラトンの宇宙論

ストアには、また、プラトンの宇宙論の影響もある。『法律』の第十巻はプラトンの神学であるが、そこでプラトンはこう言っている。「万物は、全体の保全と優れた状態のために（pros tên sôtêrian kai aretên tou holou）、万物を配慮する者によって秩序づけられている。そして、それらの部分もまた各々可能な限り最適なもの（to prosêkon）を受けかつ為す（paschei kai poiei）ように秩序づけられている。……さて、君という小部分もまたこれらの一つであり、まったく微小なものでありながら（pansmikron on）、常に宇宙全体を眺め、それに寄与しているのである。然るに、君にはこのことが分からない。すなわち、すべての生成は、宇宙全体が幸福な存在になるために（tôi tou pantos biôi hyparchousa eudaimôn ousia）、宇宙全体のために行われているのであって、君のためではない。君が宇宙全体のために生じたのだ（su d'heneka ekeinou）」（『法律』九〇三B四―C五）。部分は全体のためにある。全体は部分を統括し秩序づける。これがプラトンの思想の土台であり、かれの国家論も宇宙論も一貫してこの土台の上に展開されている。プラトンの場合、万物を統括する神が宇宙そのものの一部分なのか、それとも、宇宙の外部にある超越者なのかが、あまりはっきりしないが、ストア哲学では、宇宙そのものが神であることにより、このプラトン的全体主義はより一層完璧なものとなり、汎神論、唯物論、いずれの名前で呼ばれても同じことになる一元論になった。

宇宙の根源的原理としての物体

ストア派は、存在者を物体に限定した。「物体だけが存在する（mona gar onta ta sômata）、とかれらは言っている。なぜなら、存在するためには、なにかを為したり蒙ったりしなければならないからである（poiein ti kai paschein)」(*Stoicorum Veterum Fragmenta*〈『古ストア』と略記〉第二巻五二五)。すなわち、存在することの条件は、なにかが能動もしくは受動の能力をもつことであるが、それは三次元の物体によってのみ果たされうる。それ故、もしも魂や神が存在する何者かであるとすれば、それは物体でなければならず、もしも非物体的なものであれば、それらはなんの活動もなしえないことになる。

体系的矛盾(能動的原理と受動的原理)

ところが、ここからストア哲学における体系的矛盾が生じてくる。なぜなら、かれらは、この宇宙には能動的原理と受動的原理が働いている、と考えているからである。「ストア派の人々は、宇宙には二つの原理(archas duo)、すなわち、能動的原理と受動的原理(to poioun kai paschon)がある、と考えている。受動的原理とは性質のない質料(tên apoion ousian,tên hylên)であり、能動的原理とは質料の中に働いている能動者、すなわち、神(theon)である。神は永遠であり、すべての質料を通して各々の事物を形作っている(dêmiourgein)。この教説は、ゼノンが立てた。……原理(archas)と要素(stoicheia)は異なっている、とかれらは言っている。なぜなら、原理は不生(agenêtous)不滅(aphthartous)であるのに対し、要素は宇宙炎上(ekpyrôsis)において滅亡するからである」(『列伝』第七巻一三四)。これは、全巻ストア派に当てられているディオゲネス・ラエルティオス著『ギリシア哲学者列伝』第七巻のゼノンの章にある言葉である。この叙述によれば、全宇宙は、無性質、無形態、無活動の質料と、それに作用し、それを事物へと形成する神の二原理から成ることになり、物質一元論とは矛盾することになるだろう。この点は、ストア派の矛盾として、古来しばしば指摘されている点であるが、この点については、ストア派は以下のように考えていた、と解釈する他はないであろう。

図 12-1　クリュシッポス
ストア派の第二代学頭，前 3 世紀後半の作品のローマ時代の複製

ストア派にとって、宇宙の根源的実体は「霊もしくは火（pneuma）」である。このプネウマが変化し、次第に純度を下げて、空気、水、土、最後には、無性質、無形態の質料となるとき、上に述べられた二原理が生まれる。それ故、能動的原理であるプネウマが受動的原理である質料に働きかけ、これを事物として形成することによって、現実世界は出来上がっているのであるが、この二元論を言い換えれば、あらゆる物体には隅々に至るまでプネウマ（神）が浸透しているとも言えるし、逆に、すべての物体はいろいろな程度におけるプネウマの変容である、とも言える、ということに他ならない。このことが、ストア哲学は汎神論であるとも唯物論であるとも言われる所以である。

万物の相互連結関係

さて、以上のように、宇宙のすべての事物は唯一のプネウマもしくはロゴスもしくは質料の展開であるとすれば、万物は相互に不可避的に連結していることになるだろう。「この宇宙は唯一であり、その中にある万物を包括し（periechonta）、それらを永遠の連結と秩序の下に支配している（dioikêsin aidion kata heirmon tina kai taxin）。最初の出来事はそれに続く出来事の原因となり、このようにして、すべての出来事は相互に連結されている（syndeomenôn allêlois）。したがって、ある事物になにか他の事物（heteron ti）がそれの結果として随伴し連結しないことはなく（mê akolouthein kai synêphthai）、また、後から生じたものが前に生じたものとは関係なしに消滅することもできない。……こうして、すべて生ずるものは、自分より先にあった、なにか他のものに、自分の原因として結びつけられているのである」(『古ストア』第二巻九四五)。こうして、すべての原因の連鎖を明確に把握した人がいたとすれば、偶然というものは存在しない。偶然とは、ただ、人間の無知の別名にすぎないのである。宇宙が統一的な体系であり、なんであれ原因なしに生ずる出来事はないとすれば、すべての出来事は決定されているのである。

最善の世界

この世界は、あらゆる可能的世界の中で、最善の世界である。なぜなら、宇宙の根源であるプネウマ、自然、神は、それ自身最善であるが故に、最善の世界としてしか展開しえないからである。この世界の中になにか不完全性があるとしても、自然は、個々の部分を、全体の内に調和が備わるように配置したのである。

「お前になにが起ころうとも、それは永遠の昔からお前に準備されていたのだ。もろもろの原因の連鎖は、永遠の昔から、お前の存在(hypostasis)とそこから生ずる帰結(symbasis)とを編んでいたのだ。宇宙がもろもろのアトムであるにせよ、自然であるにせよ、以下のことをしっかりと受容すべきである。まず、私は宇宙の一部分であり(meros ti tou holou)、自然に支配されている。次に、私は他の類似の部分となんらか親密な関係にある(oikeiôs echô)。このことを念頭に置いていれば、私は一部分なのだから、全体(to holon)から私に割り当てられたいかなるものに対しても不快になることはないだろう。なぜなら、全体にとって有益なものが部分にとって有害であることはないからである。というのも、全体は、自分自身にとって有益でないいかなるものも、持ってはいないからである。……私がこのような全体の部分であることを記憶している限り、私は、すべて私に降りかかることに満足するであろう。そして、私は、同類の部分に対して親密な関係にある限り、非公共的(反社会的、

akoinôteron）なことをなにも為すことはないだろう。むしろ、私は同類のものを目指し、共通の利益を目指して、私の全精力（pasan hormên）を傾注するだろう」（マルクス・アウレリウス『自省録』第十巻五─六）。

宇宙を支配する根源的理性（ロゴス）は万物に行きわたり、人間の理性もその一片であるのだから、人間の内的な能力（理性）も人間に降りかかる外的な出来事も、結局は、同一のものによって決定されている。しかし、主体的な見地からすれば、各個人のロゴスはかれのロゴスである。この意味で、かれは自己決定的であり、宇宙のロゴスに同意するか否かは、かれに依存しているのである。ここには、以下の第3節で考察する、「自由意志と決定論」という極めて解決困難な問題が潜んでいるが、いずれにせよ、ストア派は、後にカントが苦闘したように、この両者を両立させようとして苦闘したのである。

自然は、多くの偉大な業を生み出し、それらをもっとも適切で、もっとも有益なものとして実現してきたが、しかし、同時に、それらの事物から切り離しえないものとして、有害なものも生み出している。病気も災害も、もろもろの善きものから結果する不可避的な現象なのである。もしも、自然（神、プネウマ）の摂理があらゆるものごとを包括しているとすれば、損害や苦痛を惹き起こすいかなる出来事も、すべての事実が明らかにされた暁には、理性的な人間には善きこととして認識されるであろう、とストア派は考えたのであり、われわれもそう考えざるをえないのかもしれない。

魂と身体

ストア派はプネウマ一元論であるから、デカルトのように精神と身体を別種の実体として立てたわけではない。「ストア派の考えでは、自然は技術的な火（pyr technikon）であり、火の性質と技術の性質をもつプネウマであり

(pneuma pyroeides kai technoeides)、創造への途上にある。魂は知覚力をもつ自然であり、われわれの本性となったプネウマ(to symphyes hêmin pneuma)である。それ故、それは物体(sôma)でもあり、死後も存続する。動物の中にある個々の魂は滅亡(phthartên)しはするが、それは宇宙全体の魂の部分であって、全体の魂は不滅(aphtharton)であるからである」(『列伝』第七巻一五六)。すなわち、宇宙は永遠に創造のプロセスのうちにある火もしくはプネウマであり、火と呼ばれる限りは物質であるが、プネウマと呼ばれる限りは精神である。それ故、精神と物質は連続的な繋がりの中にあり、宇宙の統括的部分(hêgemonikon)である純粋なプネウマに近づけば精神となり、プネウマの純度が下降すれば物質になる。

人間の特質は精神のうちにある

人間の自然は、非理性的・動物的なものから出発し、次第に理性によって支配される構造に発展してゆくように構成されている。「それ故、動物たちにとっては、食べること、飲むこと、眠ること、生殖すること、その他かれらの成就するすべてのことで、充分である。だが、われわれ人間にとっては、これらのことだけでは充分ではない。なぜなら、神はわれわれに、理解する能力(parakolouthêtikên dynamin)を与えたからである。だから、もしわれわれが、適切に、秩序正しく、各人の本性と構成に相応しく行為しないならば、われわれが自分自身の目的に到達することはないだろう」(エピクテートス

図 12-2　マルクス・アウレリウス　ストア哲学に心酔したローマ皇帝，かれの『自省録』は後世に多大な影響を与えた

『語録』第一巻一四―一六)。神は、人間を、神自らとその業を理解し解釈する者として、この世に送り込んだ。それ故、動物にも可能な地点で人生を開始し、動物にも可能な地点で人生を終えるとすれば、それは、人間にとって恥ずべきことである。

3 倫理学

哲学の原型(魂の癒し)

エピクテートスは、その気になれば、誰でもすぐに哲学の教師になれる、と思ってはならない、と言っている。多少の勉強をして本を出版したり、清めの儀式を行ったり、司祭のように荘厳な袈裟をまとって祭礼を執行したり、錫杖《しゃくじょう》を持ったり、厳かな声を出したりすれば、人を教えることができるのか。然らず。「哲学に至る道は別途である。事柄は巨大であり(mega)、神秘(mystikon)であり、偶然の出来事でもなければ、誰にでも与えられるものでもない。たまたま知恵があるということが、若者を配慮するために充分である、というわけでもない。そうではなくて、ゼウスにかけて、このことのためには、ある種の準備、訓練、また、体力が必要であり、とりわけ、神がまさにこの天職を占めるように示唆することが(ton theon symbouleuein tautên tên chôran)必要なのである。たとえば、神は、ソクラテスには反駁的対話という仕事に従事するように勧告し、ディオゲネスには王者のように叱責するように勧告し、ゼノンには教育し学説を立てるように勧告したのである。ところが、お前は薬しか持たずに病院を開設しようとしている。何時、どのように、これらの薬をあてがうべきかを学びもせず、訓練もしていないのに」(『語録』第三巻一七―二一)。

このエピクテートスの言葉から、いくつかのことが分かる。まず、哲学とは、単なる理論の構築ではなく、人間の魂の配慮（ケア、癒し、epimeleisthai）である、ということだ。さらに、エピクテートスにとって、ソクラテス、ディオゲネス、ゼノンは四〇〇年以上も前の人々であったのだが、かれらを自分の哲学の原型として引き合いに出しているということは、哲学とは常に同一の営みであり、それぞれ異なった活動様式をもちながら、すべて病める魂のセラピーという営みとして繋っている、ということを意味しているだろう。ここから、ストア派がソクラテスを始祖と仰ぐことの意味もはっきりする。すなわち、ソクラテスにとって、配慮に値するものは、唯一、真の自己（魂）であり、身体でもなければ、運命が送ってくる外的な成功や悲惨でもない。そして、それ自体として「善い」もしくは「悪い」と言われうるものは「魂」の状態であって、それ以外のものはどうでもよいものなのである。

樽のディオゲネスとゼノンは、ソクラテスから受け継いだこの二つのこと、すなわち、魂の配慮と外的な物事への無関心を哲学の原理とした。ディオゲネス（キュニコス派の始祖）は自分自身の生き方によって、それが真であることを示そうとし、ゼノン（ストア派の始祖）はソクラテスの息吹を体系哲学として示そうとしたのである。

部分と全体

ストア派にとって、あらゆる価値の源泉は自然である。「自然と整合的に（自然と合意して、homologouménôs têi physei）生きることが人間の目的であり、それは徳に従って（kata tên aretên）生きることである。なぜなら、自然はわれわれを徳へと導くからである。そう、ゼノンは言った」（『列伝』第七巻八七）。ゼノンは、適切な行為（kathêkon）を、人間にせよ、動物にせよ、植物にせよ、そのものの自然に一致して行われるものと規定した。それ故、植物は営養生殖活動によって、動物はそれに加えて感覚・運動活動によって、人間はさらにその上に認識活動と社会活動によって、それぞれの自然に一致した適切な行為をする。ここまでは、アリストテレス以来の人間論の常識である。

ゼウスの繁栄（宇宙の健康）

ところで、全宇宙としての共通の自然は個別的な自然を自らのうちに内包しているから、個別的なものは宇宙全体の観点からその意味を定められる。たとえば、病気や災害はそれに襲われた人間にとっては不都合なものである。しかし、この見方は、人間の自然を共通の自然から切り離すことによってのみ可能になる。全体の観点から見れば、こうした状態でさえ不自然ではない。なぜなら、あらゆる自然的な出来事が宇宙の秩序の現れであるからである。

「結局、一つの調和（mia harmonia）があるのである。ちょうど、すべての物体から宇宙（kosmos）がこのような物体として出来上がっているように、すべての原因から（ek pantôn tôn aitiôn）運命（heimarmenê）がこのような原因として出来上がっているのである。……それ故、これらのことを、治癒神アスクレピオスが処方したものとして、受け取ろうではないか（dexômetha）。確かに、これらのうちには多くの苦いものがある。しかし、われわれは、これら［の薬］を健康の希望のために、歓迎する（aspazometha）のである。このようなものとして、すなわち、お前の健康として（hê sê hygieia）、共通の自然が是認するものごとの成就を考えよ。そして、すべての出来事を、たとえお前にとって不快に思われようとも、歓迎せよ。なぜなら、それは、宇宙の健康（tou kosmou hygieian）へと、すなわち、ゼウスの繁栄（tou Dios eudoian kai eupragian）へと導くからである」（『自省録』第五巻八）。

なんという哲学であろうか。われわれにとっての不幸や災難が宇宙（ゼウス）の繁栄である、とは。ストア哲学では、われわれの苦難は全体の経綸のためには必要なのである。しかし、驚くのは早い。本邦の浄土教にも類似の思想はある。絶対他力というのは、何事が起ころうとも、「ようこそ」という歓迎の心境で受容することなのだから。たとえば、幕末から昭和にかけての妙好人因幡の源左は、火事で家が丸焼けになったとき、気の毒がる人々に対して、「ありがとござんす」と言ったそうだ。家が丸焼けになってなにが有難うだ、と訝る人々に対して、「これで後生《ごしょう》の重荷が軽くなる」と言ったそうである。

悪とはなにか

そうなると、悪というものは存在しないのか、という疑問が湧いてくる。この点については、クレアンテス（Kleanthês, BC 331-232）による「ゼウス賛歌」というのがある。「神よ、汝を離れて、地上には何事も起こらない。アイテールに輝く天上にも、海の中にも、起こらない。悪しき者どもがかれらの無思慮によって（anoiais）為す限りのことを除いては。だが、汝は、出過ぎたことを円満なことへと匡《ただ》し、無秩序なことを秩序づけ（kosmein takosma）、愛なきことを愛（ou phila phila）とすることが、おできになる。なぜなら、このようにして、汝は、悪しきものごとを素材にして、万物を善きものとして一つに調和せしめ給うのだから（eis hen panta sunêrmokas esthla kakoisin）。それ故、一つの永遠のロゴス（hena logon aiei eonta）が万物を貫通しているのだが、死すべき者のうちの悪しき者どもはこのロゴスを逃れた状態にある。呪われた者どもよ。かれらは、善きものの獲得を望みながら、神の共通の則《のり》（theou koinon nomon）を見ることもなく、聞くこともない。もし理性によってそれに聴従するならば(sun nôi peithomenoi)、善き生を得るであろうに」(『古ストア』第一巻五三七)。クレアンテスは、悪とは無思慮、無知だ、と言っているのである。宇宙には、万物を支配する永遠不変の秩序がある。このことを知らずに、自分の我意だけで、自分の身に降りかかる出来事を是非するのが、無知であり、悪である。

そうだとすれば、善とは、根本的には、宇宙全体を宰領する秩序に調和して生きる、ということになるだろう。他のあらゆる自然的存在者とは異なり、ただ、人間のみが宇宙の出来事を理解し、自分の努力によって「自然」の理性的進行を推進する能力を自然から授かっている。だが、同時に、人間は「自然」の意志に逆らって、それに適合しない仕方で行為する能力をもつ唯一の自然的存在者である。そこに、人間が道徳的主体となる所以がある。そこに、人間の品性や行為が善い悪い、と言われる所以がある。

宇宙の理性的進行への同意

こうして、自然は、人間を宇宙の理性的進行への意識的参与者となすことによって、かれに道徳的行為者としての地位を与えた。自ら進んで宇宙の導きと共に進むのか、それとも、怨恨の念をもって引きずられてゆくのか、それを決定するのは人間自身である。クレアンテスはこう祈っている。「おお、ゼウスよ、私を導き給え。汝、運命(peprômenê)よ、いずこへなりとも、汝が定めしところへ、私は臆するところなく従おう。だが。私が悪者(kakos)となって、それを望まないとしても、それでも私は従うだろう」(『古ストア』第一巻五二七)。宇宙という車に二匹の犬が繋がれている。一方の犬は車の進行方向へ喜んで走る。他方の犬は嫌だ嫌だと吠えながら引きずられて行く。これが、幸福と不幸の違いである。

自己保存から秩序の認識へ

ストア派の倫理体系の細部は複雑多様を極めるから、以下はその要点を指摘するに止める。かれらの倫理の出発点は生まれたばかりの動物の最初の衝動（prôtê hormê）である。それは、自己に有害なものを斥け、有益なもの、親密なもの（oikeion）を追い求める衝動である。だから、動物にとっては、衝動によって導かれて、自己保存に専念することが自然に適ったことであり、善である。それ故、もし万一人間が理性能力を持っていなかったならば、人間にとって追求すべき目的は、食物を集め、生殖活動をし、敵から身を守ることであっただろう。しかし、人間は理性能力をもつことによって、これらの植物・動物的衝動の上に、宇宙の秩序と調和を認識し理解し、この活動のうちに遥かに高い価値を認めるようになる。だから、人間にとっての有徳な活動とは、宇宙の秩序という摂理の認識と受容なのである。

相応しい行為（to kathêkon）

それ故、ある生物の自然に適合するものはその生物にとって必然的に肯定的な価値をもち、その自然に反するものは否定的な価値をもつ。いかなるものの自然も、共通の大自然が当の生物にとって相応しいものとして割り当てた構造だからである。ところで、人間の場合、相応しい（kathêkon）行為は「理性（ロゴス）がそれを為すように命令するもの」（『列伝』第七巻一〇八）である。それは、上に述べた個人的な動物的衝動の充足に始まり、この自己愛は親子、兄弟、友人、祖国などへの愛へと発展し、国家社会への義務の遂行などを経由して、最後には、大宇宙のロゴスの認識、すなわち、神との一致に究極する。この際、重要なことは事の軽重の順序を誤らないことである。

善いもの、悪いもの、どうでもよいもの

大まかに言って、ストア派の倫理では、すべての事柄が三種に分けられる。第一種は、もっとも重要なもので、勇気、節制、正義、知恵などの徳である。これらは、ソクラテスの思想を受け継いで、最終的には知恵に収斂するのだが、この為すべきことについての知恵をもつことが、人の行為の最終目的である。第二種は、どうでもよいこと（adiaphoron）である。驚くべきことに、この種類のうちに、人生において人々が追い求め争い合うほとんどすべてのことが入っている。すなわち、生死、名声、不名誉、快楽、富、貧乏、健康、病気、その他、このようなもののすべて、である。第三種は、第一種の逆で、絶対に避けなければならないことである。すなわち、臆病、無抑制、不正、狂乱、無知、その他の悪徳のすべてである。

求めるべきことが第一種の行為であり、避けるべきことが第三種の行為であることは明白であるが、この際、問題になるのが、第二種の行為がどうなるのか、である。簡単に言えば、第二種のものは、第一種の行為と矛盾しない限り、優先的に求められてよいものだ（proêgmena）、という結論である。逆に言えば、第二種の行為は、第三種の行為と結びつくならば、棄てられるべき行為となるのである。たとえば、富はそれ自体としては善くも悪くもないが、他者を助けるために、あるいは、公共の福祉に使われれば、善いものとなる。しかし、大きな利益を得るために、賄賂として使われれば、悪いものとなる。不名誉も病気も貧乏も、正義を貫くための不可避の犠牲となる場合には、意とするに足らない。どうでもよい。喜んで、不名誉を受け、貧乏になるのだ。あるいは、独裁者に逆らって、監獄に入るのだ。

そこで、問題は知者の行為の一貫性ということである。常に善き行為を選び、悪しき行為を斥け、中間的な物事を然るべき位置づけにおいて取捨選択する一貫性である。「クリュシッポスはこう言っている。人あって、あ

らゆる仕方であらゆる相応しいこと（ta kathêkonta）を為し、なにごとも疎かにしない。しかし、この者の生は未だ幸福とはいえない、とかれは言う。かれに幸福が生ずるのは、これらの中間的な諸行為（hai mesai praxeis）が、確固とした一貫性と固有の堅牢さ（to bebaion kai hektikon kai tên idian pêxin）をもつに至ったときである」（『古ストア』第三巻五一〇）。

宇宙の摂理に調和して生きる

われわれは全体の部分として活動するときにのみ、自己の真の同一性を得る。摂理的に秩序づけられた宇宙の部分としての同一性である。われわれは宇宙の自然と調和して生きるように定められている。単に人間性と調和してではない。理性は人間の最高の性質だが、この性質を宇宙そのものから得ている。言い換えれば、健康や富や名声を得るために動物的衝動を制御することに、われわれの理性使用は限定されているのではない。場合によっては、不正に抗して片腕を切断されることも、あるいは、財産を没収されることも、宇宙の運命によって定められたものを受容する、という意味で理性的な行為なのである。エピクテートスの言葉を聞こう。

「汝が何者であるかを、考えよ。まず、人間である。すなわち、理性的・倫理的選択能力（proairesis）以上に高貴なものをなにももたず、他のすべてのものをこれに従わせ、この理性能力を奴隷化と従属から解放して所有する者である。それ故、汝は理性（logos）によってなにから切り離されているか、を考えよ。獣から切り離されている。羊から切り離されている。これに加えて、汝は宇宙の市民（politês tou kosmou）であり、宇宙の一部分である。それも、従属するものの一部分なのではなく、主宰するものの（tôn proêgoumenôn）一部分なのである。なぜなら、汝は神的な統治（theiai dioikêsei）を理解し、その帰結を推理しうるからである。では、市民の使命とはなにか。何事も自分の利益として所有せず、何事も［全体から］切り離されたものとして考慮しないこと。むしろ、もし、万一、手や足が理性をもち、自然の構造を理解したならば、するであろうように、決して全体（to holon）との関連なしに、衝動を起こし欲求することがない、ということである」（『語録』第二巻五）。

4　ストア派の神観念

一神論と汎神論の混在

ストア派の神観念は、一神論、汎神論、多神論の混合と言ってよいだろう。「神（theos）は不死なる生物（zôion athanaton）である。理性的（logikon）であり、完全にかつ理知的に幸福（en eudaimonia）であり、己のうちにいかなる悪も含まず、宇宙とその中にあるものを配慮している（pronoêtikon）。だが、人間の姿はしていない。かれは、また、万物の製作者（dêmiourgos）であり、いわば、万物の共通の父であり、万物を通して浸透する自己の部分でもある。神は、その能力に応じて、いろいろな名前で（pollais prosêgoriais）呼ばれている。すなわち、かれによって（dia）万物が存在するから『ディア』［ゼウスの対格形］と人々は言い、また、かれが生命（zên）の原因であり、すべての生命を通して行きわたっている限り、『ゼウス』と呼んでいる。また、この神の支配的な部分がアイテール（aithêr）にまで及んでいるので、『アテーナー』という名前でも呼び、空気（aêr）にまでも及んでいるので、『ヘーラー』とも呼んでいる」（『列伝』第七巻一四七）。この引用の出だしは一神論的であり、終わりは多神論的であり、全体的に汎神論的である。

この神は、自然（physis）とか、製作する火（pur technikon）とか、暖かいプネウマ（pneuma enthermon）とも呼ばれ（『古ストア』第二巻一一三三）、神の実体はこの宇宙である（ousian de theou ton holon kosmon）、とも言われる（『列伝』第七巻一四八）。

一元論と二元論の混在

さて、ストア派の神には、一元論の面と二元論の面がある。神はこの唯一の宇宙であり、万物に浸透している、という点では一元論であり、ほとんど、仏教の「悉有仏性《しつうぶっしょう》」と同じ思想である、と言ってよいだろう。しかし、他方、神と質料を区別し、前者が後者に形を与えて、世界を形成する、と考える点では二元論である。前者の立場に立てば、神がいろいろな姿で顕現する多神教の世界が現れ、後者の立場に立てば、「神よ、祝福された父よ」というクレアンテスの祈りに現れる人格神的な世界が現れる。

運命（摂理）の問題

こういうわけで、ストア哲学における最後の問題は運命の問題である。もしも、神が善なる者でありながら、運命として万事を決定しているならば、世界の中に悪が存在することをどのように説明するのか。まず、倫理的悪と宇宙的悪とを区別せねばならない。倫理的悪は人間の責任の問題である。人間が非理性的選択をなし、悪業に同意したから、それは起こる。ストア哲学は、人間に自由意志があることを自明の事実として認めており、したがって、倫理的悪の排除は当然人間の責任にかかっている。

問題は、二〇一一年三月一一日に東日本を襲ったような、宇宙的悪（大災害）である。人間はこれをどう理解し、これにどう対処したらよいのだろうか。まず、はっきりと理解すべきことは、ストア派の神は、超越神ではなく、宇宙に内在するプネウマである、という点である。全世界はプネウマによって浸透されている。しかし、このプネウマはあらゆる所で同じ姿で現れるわけではない。自然界には、階梯というものがある。石や水のような無生物では、プネウマは物理的性質として現れる。植物では、自己保存の力として、動物では、知覚や運動能力として現れる。人間には、これらすべての段階のプネウマが内在するが、さらに、もっとも純粋なプネウマ、すなわち、理性が指導的原理（hêgemonikon）として現れるのである。この故に、人間は自律的であり、すべての行為を自ら決定しうるのである。

では、この個人の内的な自律と全宇宙の調和的秩序とは、どう両立するのであろうか。

本性的原因と直近の原因

さて、神的なプネウマが全宇宙を支配している、と言うとき、ストア派が意味していることは、それぞれの事物にはそれぞれに固有の自然（本性）が与えられている、ということである。それが主原因（principales, hormê）と呼ばれる原因で、たとえば、石は本性上落下し、火は本性上上昇する、というようなことである（『古ストア』第二巻九九一）。しかし、現実に石が落下するには、それを惹起する直近の（proximus）原因がなければならない。たとえば、大雨による山崩れとかである。円筒が回転運動をするには、円筒の構造が必然的前提であり、そこに外から押す、という原因が加わって、回転運動が起こる。

運命の意味

ところで、ストア派が運命論を語るとき、宇宙内のすべての出来事が直線的に、もしくは、一義的に、決定されている、と言っているわけではない、と理解すべきであろう。そうではなくて、すべての事物には内的な自然（本性）が与えられていて、これらの事物の相互連関によって、宇宙の出来事が起こる、という意味ではなかろうか。

ストア派の神は万物に内在する理性的原理であるが、宇宙から離れた超越的な全知全能者ではない。神は自然そのものの中に浸透している。それぞれの者は己の位置と役割を与えられている。しかし、神のプランが予め密かに定められているわけではない。

人間の場合には、この神的な要素は宇宙の大理性に通ずる純粋なプネウマであるから、人間は宇宙の進行の連関を理解し、それに応じて行為する責任がある。それ故、誰かが病気になったとして、すべては運命論的に決定されているのだから、治療しようがしまいが、治るものなら治る、と考えるのは、誤りである。そうではなくて、一定の因果的連関の中で、因果の秩序に従って、為すべきことが為されて、起こるべきことが起こるのである。そのとき、かれは治るべく定められていれば治るのであり、死すべく定められていれば死ぬのである。

宇宙を支配する真理の瞑想

それ故、もしも、人間が全宇宙の因果連関のすべてを知ることができれば、偶然とか悲劇とかいう出来事はほとんど消滅するだろう。生命は栄えるべき間は栄え、滅びるべき時に滅びる。しかし、宇宙の秩序のすべてについてわれわれは無知であるから、常に人間としての最善を尽くして宇宙の秩序の理解に努め続けなければならない。それが、宇宙の自然と調和して（harmonia）生きることが幸福である、というストア派の倫理の意味である。

「ゼウスよ、運命よ、いずこへなりと私を導きたまえ。私は怖れることなく、従います。たとえ、私が悪くなり、望まなかったとしても、私は従うでしょう」（『古ストア』第一巻五二七）、とクレアンテスが祈るとき、かれは神になにかして欲しい、と願っているのではなく、ゼウスが万物を動かしているその合理性（秩序）を、われわれも理解しうるように、と願っているのである。それは、宇宙を支配する真理の瞑想なのである。

あとがき

筆者は、一九九七年から数年間、放送大学で『西洋思想の源流——自由民の思想と虜囚民の思想』(東北大学名誉教授　坂口ふみ氏と共同担当)というテーマの下にテレビ講義を行った。本書は、この講義のうちで、筆者の担当したギリシア思想の部分(第一回から第十回)を基にして、それに大幅な加筆修正を加え、新たにヘレニズム時代の哲学(「エピクロス」と「ストア哲学」)を補充して、成ったものである。

筆者としては、これをもって、古代ギリシア人の思想については、過不足なしに概観を描きえた、と思う。

なお、固有名詞の母音の長短は、必要な場合以外には、原音にではなく慣用に従った。

今回、本書の上梓にあたり、東京大学出版会の小暮明氏には、多大のご尽力をいただいた。厚く御礼を申し上げる。

二〇一二年六月　亘理にて

岩田　靖夫

加藤信朗	ギリシア哲学史	A5	二八〇〇円
関根清三	ギリシア・ヘブライの倫理思想	A5	三八〇〇円
山本巍他	哲学　原典資料集	A5	二六〇〇円
小田部胤久	西洋美学史	A5	二八〇〇円
野矢茂樹	論理学	A5	二六〇〇円
山脇直司	ヨーロッパ社会思想史	A5	二二〇〇円
佐藤正英	日本倫理思想史［増補改訂版］	A5	三〇〇〇円

ここに表示された価格は本体価格です．ご購入の
際には消費税が加算されますので御了承ください．

著者略歴
1932 年　東京生まれ
1961 年　東京大学大学院人文科学研究科博士課程修了．北海道大学助教授，東北大学教授，聖心女子大学教授，仙台白百合女子大学教授を経て
現　在　東北大学名誉教授，仙台白百合女子大学名誉教授，文化功労者
専　攻　哲学

主要著書
『アリストテレスの倫理思想』『神の痕跡』『倫理の復権』『神なき時代の神』『アリストテレスの政治思想』（以上，岩波書店）
『いま哲学とは何か』（岩波新書）
『ヨーロッパ思想入門』（岩波ジュニア新書）
『よく生きる』『ギリシア哲学入門』（以上，ちくま新書）
『三人の求道者』（創文社）
『ソクラテス』（勁草書房）など多数

ギリシア思想入門

2012 年 7 月 24 日　初　版

［検印廃止］

著　者　岩田靖夫《いわたやすお》

発行所　財団法人　東京大学出版会
代 表 者　渡辺　浩
113-8654 東京都文京区本郷7-3-1 東大構内
http://www.utp.or.jp/
電話 03-3811-8814　Fax 03-3812-6958
振替 00160-6-59964

装　丁　間村俊一
組　版　有限会社プログレス
印刷所　株式会社ヒライ
製本所　誠製本株式会社

ISBN 978-4-13-012061-6　Printed in Japan

人名・神名索引

あ 行

か 行

ま 行

ら 行

参考文献

第1章　ギリシア人とはなにか（一）

ホメロス『イリアス』上，下（松平千秋訳），岩波文庫，1992年
ホメロス『オデュッセイア』上，下（松平千秋訳），岩波文庫，1994年
ヘロドトス『歴史』（松平千秋訳），世界古典文学全集10，筑摩書房，1967年
アイスキュロス『ペルシア人』（西村太良訳），ギリシア悲劇全集二，岩波書店，1991年
アリストテレス『ニコマコス倫理学』上，下（高田三郎訳），岩波文庫，1971年
アリストテレス『政治学』（牛田徳子訳），京都大学出版会，2001年
M・I・フィンリー『オデュッセウスの世界』（下田立行訳），岩波文庫，1994年
H・D・F・キトー『ギリシア人』（向坂寛訳），勁草書房，1966年
セシル・モーリス・バウラ『ギリシア人の経験』（水野一，土屋賢二訳），みすず書房，1978年

第2章　ギリシア人とはなにか（二）

ホメロス『イリアス』上，下（松平千秋訳），岩波文庫，1992年
ホメロス『オデュッセイア』上，下（松平千秋訳），岩波文庫，1994年
ヘシオドス『神統記』（廣川洋一訳），岩波文庫，1984年
アイスキュロス『アガメムノン』（久保正彰訳），ギリシア悲劇全集一，岩波書店，1990年
エウリーピデース『ヒッポリュトス』（松平千秋訳），岩波文庫，1979年
アリストテレス『形而上学』上，下（出隆訳），岩波文庫，1959年，1961年
『新約聖書』（新共同訳），日本聖書協会
モーゼス・I・フィンレー『古代ギリシア人』（山形美和訳），法政大学出版局，1989年
ケネス・ドーヴァー『わたしたちのギリシア人』（久保正彰訳），青土社，1982年
セシル・モーリス・バウラ『ギリシア人の経験』（水野一・土屋賢二訳），1978年，みすず書房

第3章　ホメロス

ホメロス『イリアス』上，下（松平千秋訳），岩波文庫，1992年
ホメロス『オデュッセイア』上，下（松平千秋訳），岩波文庫，1994年
トゥーキュディデース『戦史』上，中，下（久保正彰訳），岩波文庫，1966年

プラトーン『ソークラテースの弁明・クリトーン・パイドーン』(田中美知太郎, 池田美恵訳), 新潮文庫, 1968 年
E・R・ドッズ『ギリシア人と非理性』(岩田靖夫・水野一訳), みすず書房, 1972 年
M・I・フィンリー『オデュッセウスの世界』(下田立行訳), 岩波文庫, 1994 年
A・ボナール『ギリシア文明史』第 1 巻 (岡道男, 田中千春訳), 人文書院, 1988 年
J・ド・ロミイ『ギリシア文学史概説』(細井敦子, 秋山学訳), 法政大学出版局, 1998 年
E. Rohde, "Psyche: The Cult of Souls and Belief in Immortality among the Greeks" (Translated by W.B. Hillis), London, 1925.

第 4 章　ギリシア悲劇

『ギリシア悲劇全集』全 13 巻, 岩波書店, 1990 年
アイスキュロス『縛られたプロメーテウス』(呉茂一訳), 岩波文庫, 1974 年
アイスキュロス『アガメムノーン』(呉茂一訳), 岩波文庫, 1998 年
ソポクレス『オイディプス王』(藤沢令夫訳), 岩波文庫, 1967 年
ソポクレス『コロノスのオイディプス』(高津春繁訳), 岩波文庫, 1973 年
岩田靖夫『神の痕跡』岩波書店, 1990 年
アンドレ・ボナール『ギリシア文明史』2 (岡道夫, 田中千春訳), 人文書院, 1989 年
ジャクリーヌ・ド・ロミイ『ギリシア文学概説』(細井敦子, 秋山学訳), 法政大学出版局, 1998 年
セシル・モーリス・バウラ『ギリシア人の経験』(水野一, 土屋賢二訳), みすず書房, 1978 年
H・D・F・キトー『ギリシア人』(向坂寛訳), 勁草書房, 1980 年
H・ロイド＝ジョーンズ編『ギリシア人』(三浦一郎訳), 岩波書店, 1981 年

第 5 章　ソクラテス以前の哲学 (一)

W. K. C. Guthrie, *A History of Greek Philosophy*, vol.1, *The Earlier Presocratics and the Pythagoreans*, Cambridge U.P., 1962.
G. S. Kirk and J. E.Raven, *The Presocratic Philosophers*, Cambridge U.P., 1964.
H. Diels und W. Kranz, *Die Fragmente der Vorsokratiker*, 3 Bde., Weidmannsche Verlagshandlung, 1959.
『ソクラテス以前哲学者断片集』第 1 分冊 (内山勝利, 他訳), 岩波書店, 1996 年
山本光雄訳編『初期ギリシア哲学者断片集』岩波書店, 1958 年
広川洋一『ソクラテス以前の哲学者』講談社, 1987 年
斉藤忍随『プラトン以前の哲学者たち』岩波書店, 1987 年

クラウス・リーゼンフーバー『西洋古代中世哲学史』放送大学教育振興会，1995年
加藤信朗『ギリシア哲学史』東京大学出版会，1996年
山川偉也『古代ギリシアの思想』講談社学術文庫，1993年
内山勝利，中川純男編『西洋哲学史〔古代中世編〕』ミネルヴァ書房，1996年
岩田靖夫，坂口ふみ，柏原啓一，野家啓一『西洋思想のあゆみ』有斐閣，1993年
W・K・C・ガスリー『ギリシア人の人間観』(岩田靖夫訳)，白水社，1978年
M・ハイデッガー『アナクシマンドロスの言葉』(田中加夫訳)，理想社，1971年
M・ハイデッガー『ヒューマニズムについて』(渡邊二郎訳)，ちくま学芸文庫，1997年
ニーチェ『ツァラトゥストラ』(手塚富雄訳)，世界の名著57，中央公論社，1978年
ニーチェ『反時代的考察』(氷上英広訳)，新潮文庫，1954年

第6章　ソクラテス以前の哲学（二）

W. K. C. Guthrie, *A History of Greek Philosophy*, vol.1, *The Earlier Presocratics and the Pythagoreans*, Cambridge U.P., 1962.
G. S. Kirk and J.E. Raven, *The Presocratic Philosophers*, Cambridge U.P., 1964.
H. Diels und W.Kranz, *Die Fragmente der Vorsokratiker*, 3 Bde., Berlin, 1952.
アリストテレス『形而上学』上，下（出隆訳)，岩波文庫，1959年，1961年
ディオゲネス・ラエルティオス『ギリシア哲学者列伝』上，中，下（加来彰俊訳)，岩波文庫，1984年，1989年，1994年
『ソクラテス以前哲学者断片集』第2分冊，第3分冊，第4分冊（内山勝利，他訳)，岩波書店，1997年，1998年
山本光雄訳編『初期ギリシア哲学者断片集』岩波書店，1958年
広川洋一『ソクラテス以前の哲学者』講談社，1987年
斉藤忍随『プラトン以前の哲学者たち』岩波書店，1987年
山川偉也『古代ギリシアの思想』講談社学術文庫，1993年
内山勝利，中川純男編『西洋哲学史〔古代中世編〕』ミネルヴァ書房，1996年
岩田靖夫，坂口ふみ，柏原啓一，野家啓一『西洋思想のあゆみ』有斐閣，1993年
K・リーゼンフーバー『西洋古代中世哲学史』放送大学教育振興会，1995年
E・R・ドッズ『ギリシア人と非理性』(岩田靖夫・水野一訳)，みすず書房，1972年
W・K・C・ガスリー『ギリシア人の人間観』(岩田靖夫訳)，白水社，1978年
M・ハイデガー『形而上学入門』(岩田靖夫訳)，ハイデガー全集第40巻，創文社，2000年
井上忠『パルメニデス』青土社，1996年
鈴木幹也『エンペドクレス研究』創文社，1985年
西川亮『古代ギリシアの原子論』渓水社，1995年

第7章　ソフィスト

プラトン『テアイテトス』(渡辺邦夫訳), ちくま学芸文庫, 2004年
プラトン『プロタゴラス』(藤沢令夫訳), 岩波文庫, 1988年
プラトン『国家』上, 下 (藤沢令夫訳), 岩波文庫, 1979年
プラトン『ゴルギアス』(加来彰俊訳), 岩波文庫, 1967年
トゥーキュディデース『戦史』上, 中, 下 (久保正彰訳), 岩波文庫, 1966年
田中美知太郎『ソフィスト』講談社学術文庫, 1976年
H. Diels und W. Kranz, *Die Fragmente der Vorsokratiker*, 3 Bde., Berlin, 1960.
『ソクラテス以前哲学者断片集』第5分冊 (内山勝利, 他訳), 岩波書店, 1997年
W. K. C. Guthrie, *A History of Greek Philosophy*, vol.3, *The Fifth-Century Enlightenment*, Cambridge U.P., 1969.
G. B. Kerferd, *The Sophistic Movement*, Cambridge U.P., 1981.

第8章　ソクラテス

プラトーン『ソークラテースの弁明・クリトーン・パイドーン』(田中美知太郎, 池田美恵訳), 新潮文庫, 1968年
プラトン『ソクラテスの弁明・クリトン』(久保勉訳), 岩波文庫, 1964年
プラトン『ゴルギアス』(加来彰俊訳), 岩波文庫, 1967年
プラトン『プロタゴラス――ソフィストたち』(藤沢令夫訳), 岩波文庫, 1988年
プラトン『メノン』(藤沢令夫訳), 岩波文庫, 1994年
プラトン『テアイテトス』(田中美知太郎訳), 岩波文庫, 1966年
プラトン『パイドン――魂の不死について』(岩田靖夫訳), 岩波文庫, 1998年
アリストパネース『雲』(高津春繁訳), 岩波文庫, 1977年
クセノフォーン『ソークラテースの思い出』(佐々木理訳), 岩波文庫, 1974年
アリストテレス『形而上学』上, 下 (出隆訳), 岩波文庫, 1959年, 1961年
田中美知太郎『ソクラテス』岩波新書, 1957年
岩田靖夫『ソクラテス』勁草書房, 1995年
甲斐博見『ソクラテスの哲学』知泉書院, 2011年
ジャン・ブラン『ソクラテス』(有田潤訳), クセジュ文庫, 白水社, 1971年

第9章　プラトン

プラトン『国家』上, 下, (藤沢令夫訳), 岩波文庫, 1979年
プラトン『テアイテトス』(田中美知太郎訳), 岩波文庫, 1966年
プラトン『テアイテトス』(渡辺邦夫訳), ちくま学芸文庫, 2004年
プラトーン『ソークラテースの弁明・クリトーン・パイドーン』(田中美知太郎, 池田美恵訳), 新潮文庫, 1968年
プラトン『ソクラテスの弁明・クリトン』(三嶋輝夫・田中享英訳), 講談社学術文

庫，1998 年
プラトン『パイドン——魂の不死について』（岩田靖夫訳），岩波文庫，1998 年
プラトン『プロタゴラス——ソフィストたち』（藤沢令夫訳），岩波文庫，1988 年
田中美知太郎『プラトン』（全 4 巻），岩波書店，1979-1984 年
山本光雄『プラトン』勁草書房，1959 年
斉藤忍随『プラトン』岩波新書，1972 年
藤沢令夫『プラトンの哲学』岩波新書，1998 年
藤沢令夫『イデアと世界——哲学の基本問題』，岩波書店，1980 年
加藤信朗『初期プラトン哲学』東京大学出版会，1988 年
松永雄二『知と不知——プラトン哲学研究序説』東京大学出版会，1993 年
真方忠道『プラトンと共に』南窓社，2009 年
天野正幸『正義と幸福——プラトンの倫理思想』東京大学出版会，2006 年
R・S・ブラック『プラトン入門』（内山勝利訳），岩波文庫，1992 年

第 10 章　アリストテレス

アリストテレス『範疇論』（山本光雄訳），アリストテレス全集第 1 巻，岩波書店，1971 年
アリストテレス『自然学』（出隆，岩崎允胤訳），アリストテレス全集第 3 巻，岩波書店，1968 年
アリストテレス『形而上学』（出隆訳），上，下，岩波文庫，1959 年，1961 年
岩田靖夫「アリストテレスにおける自然」上，中，『哲学雑誌』第 761，762 号，有斐閣，1974，1975 年
岩田靖夫「アリストテレスの目的論」『東北大学文学部紀要』第 26 号，1976 年
G・E・R・ロイド『アリストテレス』（川田殖訳），みすず書房，1973 年
加藤信朗『ギリシア哲学史』東京大学出版会，1996 年
K・リーゼンフーバー『西洋古代中世哲学史』放送大学教育振興会，1995 年
内山勝利・中川純夫編著『西洋哲学史〔古代中世編〕』ミネルヴァ書房，1996 年

第 11 章　エピクロス

ディオゲネス・ラエルティオス『ギリシア哲学者列伝』上，中，下（加来彰俊訳），岩波文庫，1984 年，1989 年，1994 年
『エピクロス——教説と手紙』（出隆，岩崎允胤訳），岩波文庫，1959 年［断片としてヴァチカン写本の訳も含む］
A・ボナール『ギリシア文明史』第 3 巻（岡道男，田中千春訳），人文書院，1988 年
D・セドレー編著『古代ギリシア・ローマの哲学』（内山勝利監訳），京都大学学術出版会，2009 年
A・A・ロング『ヘレニズム哲学』（金山弥平訳），京都大学学術出版会，2003 年

ニーチェ『人間的，あまりに人間的』II（中島義生訳），ちくま学芸文庫，2001 年
村川堅太郎，他著『ギリシアとローマ』世界史体系 4，誠文堂新光社，1959 年
Diogenes Laertius, *Lives of Eminent Philosophers*, 2 vols, (with an English Translation by R. D. Hicks), Loeb Classical Library, Harvard U.P., 1925.
Lucretius, *De Rerum Natura*, (with an English Translation by W.H.D. Rouse), Loeb Classical Library. Harvard U.P., 1928.
M. Schofield et al.(ed.), *The Cambridge History of Hellenistic Philosophy*, Cambridge U.P., 1999.

第 12 章　ストア哲学

ディオゲネス・ラエルティオス『ギリシア哲学者列伝』上，中，下（加来彰俊訳），岩波文庫，1984 年，1989 年，1994 年
エピクテートス『人生談義』上，下（鹿野治助訳），岩波文庫，1958 年
マルクス・アウレリウス『自省録』（鈴木照雄訳），講談社学術文庫，2006 年
マルクス・アウレーリウス『自省録』（神谷美恵子訳），岩波文庫，1991 年
『キケロ　エピクテトス　マルクス・アウレリウス』（鹿野治助責任編集），世界の名著 14，中央公論社，1980 年
鹿野治助『エピクテートス』岩波新書，1977 年
荻野弘之『自省録　精神の城塞〔書物誕生〕』岩波書店，2009 年
A・A・ロング『ヘレニズム哲学』（金山弥平訳），京都大学学術出版会，2003 年
D・セドレー編著『古代ギリシア・ローマの哲学』（内山勝利監訳），京都大学学術出版会，2009 年
H. Diels und W.Kranz, *Die Fragmente der Vorsokratiker*, 3 Bde., Weidmannsche Verlagshandlung, 1959.
『ソクラテス以前哲学者断片集』第 3 分冊（内山勝利，他訳），岩波書店，1997 年
Stoicorum Veterum Fragmenta, (collegit I.Arnim), Teubner Leipzig, vol.1, 1921, vol.2, 3, 1923, vol.4, 1924.
Diogenes Laertius, *Lives of Eminent Philosophers*, (with an English Traslation by R.D.Hicks), Loeb Classical Library, 2vols, Harvard U.P., 1925.
Marcus Aurelius, (a Revised Text and a Translation into English by C.R.Haines), Loeb Classical Library, Harvard U.P., 1916.
Epictetus, *Discourses* (with an English Translation by W.A.Oldfather), Loeb Classical Library, 2vols, Harvard U.P., 1925, 1928.
B. Inwood (ed.), *The Cambridge Companion to the Stoics*, Cambridge U.P., 2003.